JN410213

우두커니와 물끄러미

국립중앙도서관 출판시도서목록(CIP)

우두커니와 물끄러미 : 정성천 수필집 / 글쓴이: 정성천. --
서울 : 북랜드, 2014
p.256 ; 15.2 × 22.4cm
ISBN 978-89-7787-617-0 03810 : ₩12000

한국 현대 수필[韓國現代隨筆]

814.7-KDC5
895.745-DDC21 CIP2014022698

정성천 수필집

우두커니와 물끄러미

초판 1쇄 인쇄| 2014년 8월 20일
초판 1쇄 발행| 2014년 8월 25일

글쓴이| 정성천
펴낸이| 장호병
펴낸곳| 북랜드
135-936 서울 강남구 역삼동 832-7 황화빌딩 1108호
대표전화 (02) 732-4574 | (053) 252-9114
팩시밀리 (02) 734-4574 | (053) 252-9334

등 록 일| 1999년 11월 11일
등록번호| 제13-615호
홈페이지| www.bookland.co.kr
이-메 일| bookland@hanmail.net

책임편집| 김인옥
영 업| 최성진

ISBN 978-89-7787-617-0 03810

값 12,000 원

우두커니와 물끄러미

정성천 수필집

북랜드

머리말
점을 찍으며

내게 있어 글쓰기란 사막에서 오아시스를 찾아가듯 나 자신을 찾아 헤매는 일인 것 같다. 매번 작은 샘물이라도 찾았다고 생각하지만 찾고 보면 신기루처럼 허망하다. 문학지에 등단도 하고 공모전에 어찌하다 입선도 했지만 나는 나의 글에 대해 항상 사막의 갈증을 느낀다. 내가 쓴 글을 다시 읽을 때마다 어딘가 어색하고 모자라는 것 같아 불구의 자식을 안쓰럽게 바라보는 부모의 심정을 지울 수 없다. 그래서 책 발간은 언감생심 엄두도 내지 못할 일이었다. 그런데 이렇게 감히 수필집을 발간하게 된 것은 나의 열렬한 독자이면서도 평생의 후원자이기도 한 아내의 적극적인 격려 덕분이다.

"40여 년간 몸담아 왔던 교직을 마무리하면서 마침표는 찍어야 하지 않겠느냐? 내가 보건대 당신의 작품은 어디에 내놓아도 좋을 만큼 충분히 훌륭하다. 설사 조금 모자라면 또 어떠냐? 자식이 모자란다고 내팽개칠 수 없듯이 모자라면 모자란 대로 당신이 창조한 당신의 분신들이 아니냐? 정

년퇴임을 맞아 그동안 심혈을 기울인 작품들을 모아 한 권의 책을 내는 것은 교직생활의 마무리로써 아주 뜻깊은 일이 될 것이다."라는 아내의 주장이 있었다.

수많은 작은 문장들이 모여서 하나의 글이 되듯이 수많은 과정들이 모여 하나의 인생이 이루어진다. 어떤 형태로든 이번에도 마감은 있어야 하고, 평생 직업으로 걸어온 길의 마지막이 아닌가? 길은 계속 다른 길로 이어지고 나는 또 그 길을 가야 한다. 하나의 길이 끝나는 고갯마루에 서서 지난날의 회억과 앞날의 염원을 담은 돌 하나를 성황당에 올려놓는 심정으로 수필집을 발간한다.

원래 점이라는 것은 한 문장의 마침에도 필요한 것이지만 새로운 문장도 그 시작은 먼저 점부터 찍어야 가능하지 않는가? 지금 찍는 이 점이 교직생활의 마침표가 되겠지만 인생 2모작을 시작하는 출발점이 될 수도 있을 것이다. 퇴직 후의 인생을 내가 좋아하는 글쓰기의 결실인 수필집 발간으로 시작하는 것은 매우 고무적인 일이라고 생각한다. 부끄러운 글들이지만 독자들의 시선이라는 햇볕 속에 내어 놓으면 눅눅한 나만의 사연과 슬픔들이 잘 갈무리될 것 같기도 하다. 그리고 앞날을 위해 문학의 신에게 바치는 신성한 제물이 될 수도 있을 것 같다. 아무쪼록 문학의 신에게 가호를 빌 뿐이다.

2014년 7월 1일 정성천

차례

봄

꽃샘추위

엊그제 춘분이 지났건만 오늘 아침 날씨는 마치 토라진 여인네의 뒷모습처럼 쌀쌀하다. 출근길에 핸들 잡는 손이 제법 시리고, 차 안 냉기에 몸이 움츠려 든다. 회색빛 먼 산마루에 푸르스름한 생명의 기운이 여리게 감돌고 양지쪽 산빛은 녹색의 수런거림으로 깨어나고 있다. 하지만 아침햇살이 미치지 못하는 응달진 논둑이나 도랑가에는 마치 한겨울 잠이 아직 머물러 있는 듯 춘설이 희끗희끗하게 얼어붙어 있다.

꼭 이맘때면 황사와 함께 찾아오는 꽃샘추위가 기승을 부린다. 강변 벚꽃도 이제 막 피어나고 도로변 개나리 무리도 노오란 꽃망울들을 터뜨리고 있는데 무지막지한 서리가 내리다니……. 내 손이 이렇게 아리도록 시린데 그 여린 꽃잎들은 오죽할까? 여린 꽃잎이 무자비한 추위에 떨 것을 생각하니 안타깝기 그지없다. 제발 예쁜 자태에 손상이 가지 않고 꿋꿋이 이겨내 찬란한 봄을 피워 벌과 나비의 사랑을 받고 튼실한 씨앗도 맺기를 바랄 뿐이다.

해마다 목련이 필 때쯤이면 목련의 아름다움을 질투하는 겨울이 서리를 내려 시샘한다는 말이 생각난다. 목련은 한기가 기승을 부리면 부릴수록 싸늘한 하늘을 배경으로 피어나는 그 아름다움이 더 돋보이지만 훈훈한 봄비 소리에는 허무하게 떨어져 버린다는 사실을 겨울은 잘 모르는가 보다.

2학년 담임인 송 선생이 교장실로 들어온다. 아무래도 소정이가 시내 중학교로 전학을 가야 할 것 같다고 한다. 소정이는 학교 가까운 시골 마을에서 어머니 없이 아버지와 함께 살고 있는 착하고 예쁜 여학생이다. 그런데 지난 주 수요일에 무단결석을 했다. 연락도 없이 결석을 해서 담임선생님과 여러 선생님들의 속을 태웠고 가정방문을 해도 만나지 못해 걱정을 했었는데 다행히도 그 다음 날 학교에 출석을 했다. 상담을 해본 결과 엄청난 문제점이 드러났다.

소정이네는 아버지가 무직자로서 경제적으로 궁핍한 환경

이다. 소정이 아버지는 면에서 실시하는 공공근로사업에 참가하여 나오는 돈으로 근근이 생활하고 있으며 술을 좋아하여 일이 없는 날에는 술에 취해 아이들을 돌보기는커녕 아이들에게 술주정하기가 일쑤라고 한다. 초등학생인 소정이의 남동생이 있지만 도저히 같이 부양할 수 없어 아버지가 함께 생활하면서도 고아들이 생활하는 시내 보육원에 맡겼다고 한다. 하지만 소정이는 그런 아버지의 잔수발을 들어가며 별탈 없이 학교에 잘 다니고 있었다.

하지만 참으로 어처구니없는 일이 발생했다. 소정이 집 가까이에 소정이 아버지 동생뻘 되는 독신 사십대 중반 남자가 노모와 단 둘이 살고 있었다. 행실이 소정이 아버지와 비슷하여 서로 형, 아우하며 두 집이 친하게 지냈다고 한다. 그리고 그 노모가 소정이한테 잘 대해주었기에 소정이가 할머니를 잘 따르며 자주 그 집에 가서 잠을 자기도 했었던 모양이다. 그런데 무단결석하기 전날에도 소정이가 그 집에서 잠을 잤는데 할머니가 없는 틈을 타 그 독신 중년 남자가 소정이 몸을 만지고 성추행을 한 것으로 상담 결과 밝혀졌다.

이제 막 2차 성징이 나타나기 시작하는 어린 소정이로서는 부끄러움과 혼란스러움으로 학교에 선뜻 갈 용기가 나지 않았던 모양이다. 그 이튿날은 혼란스러움과 부끄러움에 하루 종일 홀로 산 속을 헤매고 다녔다고 한다. 시골이어서 망정이지 도심지였더라면 소정이가 다른 나쁜 길로 들어 설 빌미가 충분히 될 수 있는 사건이었다.

선생님들과 깊은 논의 결과 먼저 성폭행을 당했는지 그 여부를 알아야 한다는 의견이 지배적이었다. 지난 토요일에 여선생님 두 분이 소정이를 병원에 데리고 가서 검진을 받아 보니 다행히도 성폭행은 당하지 않았다.

하지만 이런 상황에서는 언제 그런 일이 일어날지 알 수가 없다. 먼저 소정이 아버지에게 알리고 해결책을 논의했더니 그런 사실 자체를 믿지 않는 눈치이다. 절대로 그런 짓을 할 사람이 아니라고 쉽게 인정하려 들지 않는다. 하는 수없이 시내에 살고 있는 소정이 고모에게 알렸다. 소정이 고모는 같은 여자라서 그런지 격분해 하면서 경찰에 고소하고 경찰과 함께 그 중년 남성을 찾아 갔으나 그 사람은 겁을 먹고 며칠 전부터 집을 나가고 돌아오지 않는다고 한다.

소정이 고모가 말하기를 도저히 소정이를 아버지와 함께 두어서 안 될 것 같은데 자기도 경제적인 여력이 없어 데리고 있지 못하니 소정이 동생이 있는 보육원으로 보내기로 했단다.

점심시간에 함께 식사할 때 그렇게 밝고 명랑하게 잘 웃던 소정이가 시무룩하게 풀이 죽어 있는 걸 보니 마음이 안타깝다. 저 어린 것이 얼마나 당황하고 마음에 상처를 받았으면 저리도 풀이 죽어 있을까 생각하니 그 중년 남자가 참으로 못돼먹은 사람이라는 생각이 든다.

보육원에 가면 보육원 생활은 잘 할 수 있을까? 시내 큰 학교로 전학가면 잘 적응할까? 한 반에 서른다섯 명의 학생들이 함께 공부하는데 우리 학교처럼 소정이를 자상하게 보살펴 줄 선생님들이 있을지 걱정이다. 자상한 선생님도 없는 곳에서 이 사건 때문에 비행청소년으로 빠지게 되지는 않을까? 하지만 소정이는 잘 이겨 낼 것으로 믿는다. 바르게, 예쁘게 성장하여 어엿한 성인이 될 것으로 믿는다.

항상 이렇듯이 어린 청소년이 성인으로 성장하기에는 꽃샘추위와 같은 사소한 시련들이 있기 마련인가 보다. 어떻게 보면 이런 작은 시련들은 한 인간으로 성숙해지는 데 필요한 시련인지도 모른다. 아픈 만큼 성숙해진다는 말이 있지 않는가?

해마다 꽃샘추위가 그 여린 꽃잎을 흔들고 괴롭히지만 때가 되면 언제나 화사하게 피어나는 봄꽃들처럼 소정이도 어엿한 성인으로 피어날 것을 의심치 않는다. 꽃샘추위가 추우면 추울수록 그 뒤에 피는 꽃이 더 아름답듯이 소정이도

이 시련을 잘 견디어 더 성숙한 성인으로 성장할 것을 빌어 본다.

어느 시인은 "흔들리지 않고 피는 꽃이 어디 있으랴?"라고 말했다. 하지만 바람막이가 튼실한 양지쪽에 피는 꽃도 있고, 소정이처럼 바람막이가 부실하여 항시 세찬 바람을 맞으며 자라는 꽃도 있지 않는가? 이 세상 어느 곳이고 항시 바람은 불고 바람에 흔들리며 그리고 비에 젖으며 피어나는 것이 우리 청소년들의 모습이라지만 비바람이 꽃을 꺾어버리는 일은 정말 없어야 할 텐데…….

오늘도 바람이 가지를 흔든다.

(2009년 3월 25일)

뜻밖의 횡재

오늘 아침 먼저 일어나 문을 열고 밖으로 나간 아내의 호들갑스러운 외침 때문에 잠에서 깨어났다. "어머머! 웬 눈이야? 많이도 왔네. 여보! 빨리 일어나 눈 구경하세요. 일출 풍경이 너무 멋져요." 그러나 지난겨울 몇 번 속은 경험이 있는 나는 믿지 않았다.

겨울이 되면 언제나 눈을 기다리고 눈을 못 봐서 안달하는 나의 조급한 마음을 장난거리로 삼아 재미를 톡톡히 본 아내다. 나는 또 하나의 장난인 줄 알고 믿지 않았다. "어제 날씨가 좀 춥기는 했지만 3월 중순에 눈이라니 말도 되지 않는 소리로 날 속이려고 해? 어림도 없다. 내가 또 속을 줄 알고."

아내는 먼저 일어나 본채를 짓기 전에 임시 거처로 사용하고 있는 황토방에서 밖으로 나가야 한다. 그리고 임시 거실로 사용하고 있는 컨테이너 별실에서 아침 식사 준비를 해야 한다. 그런데 나보다 먼저 일어나 차가운 새벽공기를 먼저 맞는 것이 억울한 모양이다. 언젠가 함께 일어나자고 제의를 해왔지만 나는 거절했다. 느긋하게 일어나는 것을 밖에 나가서 일하는 남자의 특권으로 몰아붙이고 아내가 누리지 못하는 이불 속 따뜻함과 느긋함을 즐겨 왔었다. 잠에서 깨어났지만 눈을 감고 따뜻한 이불 속에서 혼자 뭉그적거리는 여유를 나는 무척이나 즐기는 편이다.

그런 나를 빨리 일어나게 하기 위해 아내는 곧잘 거짓말을 한다. 난을 좋아하는 내 마음을 알고 피지 않은 난 꽃이 피었다고 하지 않나, 텔레비전에 내가 좋아하는 멋진 수석이 나온다고 속여 나를 일어나게 만들기도 한다. '내가 속을 줄 알고, 지금이 어느 시절인데 눈이 와.' 오늘은 절대 속지 않아야지 다짐을 하며 차가운 새벽바람에 몸이 움츠려들 아내를 상상하며 미소를 지었다.

따뜻한 구들방의 기분 좋은 온기를 만끽하느라 뒤척거리며 창문 쪽으로 돌아누웠다. 아니 그런데 창문 쪽이 평소보다 더 환하지 않은가? 아직 그렇게 환할 리가 없는데 창문이 환하게 밝았다. 나도 모르게 벌떡 일어나 문을 열었다.

아니 이게 웬일인가? 순백의 세상이 여명 속에 서서히 밝아 오고 있었다. 자고나니 세상이 바뀌었다고 하더니만 늘상 보아오던 세계는 어디로 가고 새로운 세상이 백색의 환희로 서서히 깨어나고 있었다. 금오산 위 구름 사이로 해가 이미 솟아 있었다. 좀 더 일찍 일어났더라면 하얀 설경 위로 펼쳐지는 장엄한 황금빛 일출을 보았을 텐데. 일출은 순식간이라 아내의 거짓말에 속지 않은 것이 다행이 아니라 시기를 놓친 나의 게으름이 후회되는 순간이었다.

3월에 그것도 중순을 넘기고 오는 눈은 뜻밖의 횡재라는 생각이 든다. 그것도 차가운 바람에 마른 하늘이 억지로 토해내는 꼬질꼬질한 눈도 아니고 눈이 온다고는 하나 변변치 못해 논두렁 하나도 다 덮지 못하고 질척거리는 그런 눈이 아니라 발목이 잠길 정도로 푸근하게 그리고 눈이 오는 줄도 모르고 잠든 사이 소복이 내려 쌓인 도둑눈은 분명 뜻밖의 횡재임에는 틀림없다.

지난겨울은 무척 추웠다. 지구 온난화로 여러 해의 겨울이 겨울답지 않게 따뜻하더니만 지난겨울은 모처럼 어릴 적 겪었던 그런 추위를 경험했다. 말 그대로 문고리가 쩍쩍 얼어

붙는 엄동설한이었다. 주말마다 지내기 위해 들르는 황토 집 수돗물이 몇 번이나 얼어 터져 고생을 했다. 그리고 동구 밖 조릿대 숲이 허옇게 얼어 죽었고 부실한 자두나무 가지도 얼어 죽어 잘라내야 했다. 지난가을에 옮겨 심어 아직 땅내를 제대로 맡지 못한 어린 나무들도 모두 얼어 죽었다.

추위에 익숙하지 못한 모든 생명들이 힘겹게 지내야 했던 지난겨울이 아니었던가? 이런 혹독함이 겨울도 못내 미안했던 모양이다. 마지막 떠나기 전 화해의 표시인가? 아니면 지난겨울의 혹독한 잔영들을 지워 버리고 푸근하고도 보드라운 겨울로 기억되고 싶어서인가? 때 아닌 흰 눈을 내려 이렇게 가슴 설레는 아침을 맞이하게 하는가?

기온이 포근하여 아침 출근길 도로는 이미 녹아 질척거린다. 어제 세차한 것이 아깝지만 눈경치 감상은 또 하나의 보너스이다. 눈은 평등해서 좋다. 있는 집, 없는 집 가리지 않고 큰 나무, 작은 나무 가리지 않고 골고루 내렸다. 슬레이트 작은 지붕에도, 슬라브 큰 지붕에도, 기와지붕에도 똑같이 내렸다. 큰 느티나무 고목도 탱자나무 울타리도 눈을 뒤집어 쓰고 하얗게 웃고 있다.

멀리 보이는 넓은 논은 아직 그리지 않은 새 도화지 같아 깨끗해서 좋다. 가까이 보이는 논에는 지난 가을에 남겨두고 벤 벼 그루터기에 쌓인 눈이 마치 노점상 좌판 위에 널려 있는 찐빵같이 봉긋봉긋하다. 소나무와 전나무에 쌓인 눈은 이국적인 풍경으로 캐나다 밴프 국립공원 경치 같기도 하고 크리스마스카드에 나오는 풍경으로 어디선가 루돌프 사슴이 끄는 마차가 나올 법도 하다.

기온이 온화한 걸 보니 해가 뜨면 곧 눈은 녹아 없어질 것 같다. 그리고 봄으로 향한 길은 더욱 서둘러질 것이다. 봄이 오는 길목에서 사막의 신기루처럼 신기하게 펼쳐졌던 3월 중순 아침 한때 겨울 눈 풍경이었다. 나를 순진무구한 동심의 세계로 돌아가게 했고 많은 상상의 나래를 펼치게 했다. 그리고 상쾌한 기분으로 출근길 내내 기분 좋게 만들 주었다. 이는 분명 예상치 못했던 뜻밖의 횡재다. 이런 풍경을 다시 만나려면 십 개월 혹은 그 이상을 기다려야 하는 인내심을 가져야 할 것이니 말이다.

모티길 돌아서

봄이 오고 있다. 그렇게 기다리고 기다리던 봄이다. 아니 아직 봄은 멀리 있을지도 모른다. 하지만 마음이 이렇게 서둘러 봄을 찾는 것은 지난겨울의 무지막지한 냉혹함 때문일 것이다.

지난겨울은 드물게 겪는 추위였다. 겨울의 고향인 북극 얼음의 땅에서 무슨 기막힌 사건들이 일어났던 것인지 지난겨울 찾아 온 동장군은 칼 같은 한을 품고 내려왔던 것 같다.

몇 십 년 만에 맞는 혹독한 추위로 많은 생명들이 힘들어 했다. 특히 한겨울 추위에도 늠름하게 푸른색을 지켜 절개의 상징으로 여겨오던 대나무들이 모두 얼어 죽었다. 늘 푸르러야 할 대나무가 누렇게 말라 바람에 바삭거리니 요즈음의 풍경이 봄이 오고 있는 것인지 겨울이 오고 있는 것인지 혼란스러울 지경이다.

창창하던 대나무를 그렇게 죽여 놓고도 성이 덜 풀렸는지 물러갈 듯하면서 꽃샘추위로 또 한 번 말썽을 부린다. 지난밤 면도날 같은 추위로 철모르는 백목련을 난도질해 놓았다. 양지쪽에 화사하게 피어나 환한 봄의 시작을 알리는가 싶더니 하룻밤 새 불어닥친 날카로운 서릿발에 눈사랑땜도 못해주었는데 시커멓게 떨어져 땅 위에 뒹군다.

봄이 오는 길목은 언제나 이처럼 엄부렁하고 껄끄럽다. 하지만 아무리 어려운 고비가 있더라도 삶의 굽이침은 계속 이어져 가듯이 겨울이 아무리 억지를 부리고 뭉그적거려도 봄은 기어이 오고야 말 것이다. 어제 비가 내려 응달진 언 땅은 더 굳어졌지만 따스한 햇볕의 입맞춤이 스쳐간 양지쪽은 아릿한 초록빛 움직임이 두런거린다.

아직 소소리바람의 차가움이 매서워 몸이 움츠러들고 모든 게 나들이하기에 어설프지만 하루빨리 겨울의 무거운 잔영을 떨쳐버리고 싶은 조급한 마음에 산행 채비를 하고 나선다. 서둘러 확인하고 싶은 것이 있었던 것이다.

지긋지긋했던 독재자의 마지막 모습이 더 흥미를 끄는 것처럼 잔인하고 혹독했던 이번 겨울의 마지막 모습이 무척 궁금해진다. 그리고 무자비한 살육의 주검 속에서 피어날 승리의 모습인 새싹과 꽃, 그들의 환희에 찬 움틈이 보고 싶고 그들이 열어젖히는 새로운 세상의 첫 숨결을 느껴 보고 싶었다.

봄의 첫 숨결을 제대로 느끼려면 겨울의 부피가 더 두꺼웠고 그만큼 독재의 혹독함도 더 매서웠던 깊은 산 속 오지가 좋을 것 같다. 그 곳은 아직 겨울 점령군의 서릿발이 엄중하여 차가운 바람에 손발이 시릴 것이다. 하지만 아무리 엄중한 계엄군의 통제 속에서도 자유의 싹은 항시 꿈틀거리는 법이다. 시린 바람 속에서 아련한 봄 내음을 감지해 내는 일은 일상의 더께 위에 질척거리는 겨울 끝자락을 보는 것보다 더 상쾌한 일이 될 것이다. 그래서 집에서 멀리 떨어져 있어 다소 불편하지만 꼭 한 번 걷고 싶었던 '수도 녹색 숲 모티길'을 찾았다.

'모티길', 정겨운 우리말이다. '모티'라는 말은 '모퉁이'의 경상도 서북부지방 사투리어다. '모퉁이'가 경상도 특유의 편한 발음으로 생략되어 '모티'가 된다. 다른 지방 사람들이 들을 때는 마치 이태리어라도 들은 듯 생소하고 이국적인 느낌의 말로 변해 버린다.

모티라는 말은 장소나 건물의 모퉁이라는 뜻 외에도 일이

나 삶의 한 고비를 일컫기도 한다. 삶의 여정을 길에 비유하면 모티를 돈다는 말은 삶의 한 고비를 넘긴다는 뜻일 게다. "살 모티가 죽을 모티다." 나의 어머니가 삶이 무척 힘들 때 깊은 한숨소리와 함께 곧잘 하시던 말씀이다. 삶의 한 고비를 넘기기가 죽음의 고비를 넘길 만큼 힘들다는 말일 게다. 이는 우리의 삶도 밋밋한 직선의 길이 아니라 수많은 굽이침을 겪어야만 이루어지는 굴곡 많은 모티길이라는 것을 의미하는 것이 아닐까?

나의 고향 김천에는 모티길이 두 개 있다. 하나는 직지사 쪽 '직지문화 모티길'이고 다른 하나는 청암사 수도암 쪽에서 시작되어 원황점까지 이어지는 '수도 녹색 숲 모티길'이다.

소백산맥과 가야산맥의 분기점인 대덕산에서 동으로 뻗어 수도지맥을 이루는 산이 수도산(1,317m)과 가야산(1,430m)이다. 이 두 산을 잇는 중간에 단지봉(1,327m)이 있는데 수도 녹색 숲 모티길은 자연생태 길로써 단지봉의 중허리(해발 약 800m)를 돌고 도는 길이다.

원래 수많은 모티를 꼬불꼬불 돌아서 가는 길이 산길의 특징이겠지만 수도 녹색 숲 모티길은 특히 많은 모티를 굽이 굽이 돌아서 가야하고 그 모티 하나하나를 돌 때마다 색다른 풍경이 펼쳐져 재미를 더해준다. 이 길은 일반사람의 왕래를 위해 자연적으로 뚫린 길이 아니다. 일제 강점기인 1930년대 일본인들이 벌목과 조림을 목적으로 차가 다닐 수 있게 만든 임도라고 한다. 그래서 해발 800m를 넘나드는 산길이지만 가파른 오르막이 없고 길이 넓어 산행하는 느낌이 전혀 들지 않는다. 호젓한 산책길을 굽이굽이 걸어가면서 깊은 산 속 자연 생태를 관찰할 수 있는 장점 외에도 삶에 대한 사색과 명상을 하기에 적합한 길이다. 혼자서 묵묵히 걸으면 종교적인 순례의 맛을 느낄 수 있는 길이기도 하다.

수도 녹색 숲 모티길 초입은 이름 그대로 새파란 산죽이 인상 깊다. 새파란 산죽이 싸늘한 바람에도 반가이 손을 흔들며 순례자를 맞이한다. 키 큰 청죽은 모진 추위에 다 얼어 죽었는데 키 작은 산죽은 새파란 빛깔로 봄을 준비하고 있는 게 신기하다. 생명의 성스러움이 마음에 느껴진다. 자연 앞에서 겸손하고 낮게 처신해야만 된다는 경고를 주는 것 같기도 하다.

또 한 모티를 돌아서니 하얀 자작나무의 군락이 나타난다. 정비석 씨는 산정무한에서 이 나무를 산 속의 귀족이라서 자작나무라 부른다고 했다. 하지만 어떤 이는 불에 탈 때 자작자작 소리 내며 탄다고 자작나무라 부른다고도 한다. 어느 것이 진실인지 몰라도 자작나무는 흰 둥치와 가지가 분명 멋스러운 나무다. 다른 나무와는 달리 자작나무는 왜 흰색일까? 백설의 땅 시베리아 지역에 오랫동안 살다보니 눈 색깔을 닮아 흰색인가?

산 색은 아직도 죽음의 색인 무채색이다. 무채색 산 색을 배경삼아 새파란 하늘로 쭉쭉 솟아난 하얀 둥치들이 그리스 신전의 기둥들 같다. 왜 백제와 신라 사람들이 이 나무를 하늘과 땅을 이어주는 신성한 나무로 여겼는지 알 것 같다.

신비로운 동화 속 하얀 풍경이 채 끝나기도 전에 또 하나의 모티를 돌아서니 참나무 고목들이 나타난다. 참나무들은 가지 끝 창공에 새파란 겨우살이를 몽실몽실 달고 있다. 도시의 공해와 인간의 오염과 거리가 먼 청정지역이라서 그런지 겨우살이가 아주 많이 자생하고 있다.

겨우살이는 수령이 수십 년 이상 된 참나무나 오리나무의 높은 가지 끝에 기생하는 식물이다. 다른 나무에 빌붙어 겨우 살아간다고 겨우살이라고 명명했다는 이야기도 있지만 오늘 보니 구차하게 살아가는 모습이 아니라 한겨울을 당당하게 사는 모습이다.

이 냉혹한 겨울에 목숨 붙여 사는 것도 만만찮은 일이지만 낙목한천 죽음의 색깔이 지배하는 엄동설한에 생명의 색인 푸른색을 하늘 높은 가지 끝에서 표출하는 일 또 한 쉬운 일이 아닐 것이다. 겨우살이라는 이름은 겨우 살아간다는 의미가 아니라 냉혹한 겨울을 이기고 산다고 겨울살이라는 뜻임이 분명하다.

죽음을 강요하는 겨울의 독재에 항거하기 위해 높이 쳐든 생명의 깃발인가? 생명의 성스러움이 하늘과 맞닿은 가지 끝에 깃발로 매달려 있는 것 같다. 대나무를 얼어 죽게 했던 모진 삭풍도, 노송가지를 부러트린 차가운 폭설도 가지 끝이 여린 생명을 어찌하지 못했다.

이제 곧 세상이 바뀔 것이다. 가지 끝 저 미미한 푸른색이 도화선이 되어 온 세상을 푸르게 물들일 것이다. 그리고 이 고요한 산 속에서도 곧 생명의 무한 질주가 시작될 것이기에 저 푸르름이 성스럽게 다가오는 이유일 것이다.

멋들어지게 휘어진 붉은 노송들, 비구상 현대화를 보는 듯한 아름다운 피부를 가진 노각나무들, 80년 수령을 자랑하며 하늘을 찌르듯 웅장하게 서있는 아름드리 낙엽송 숲, 모티를 돌 때마다 깊은 산 속 순진무구한 풍경들이 적막함을 배경으로 경이롭게 나타나고 또 사라져 간다.

한 모티를 돌면 다음 모티가 궁금해진다. 돌지 않은 모티는 그리움을 품고 있다. 그래서 모티길은 지겹지가 않다. "뒤에서 다가오는 여인이 더 다정하듯이 모든 그리운 것들은 다

산 너머에 있다." 라는 어느 시인의 말처럼 아직 돌지 않은 모티는 그리움으로 다가온다. 지금 이 모티가 힘들고 지겨워도 참고 도는 이유가 저만치 기다리는 모티 너머의 그리움 때문이 아닐까?

우리의 삶도 같지 않을까? 오늘은 항상 고단한 것, 고단한 오늘을 살아가는 것은 오늘의 모티를 돌면 다가올 내일의 그리움 때문이 아닐까? 살 모티가 죽을 모티지만 내일이 있기에 그 모티를 돌고 또 도는 것이다.

이 깊은 산 속 뭇 생명들 모두가 모진 겨울의 칼바람을 이겨내고 견디어 온 것도 계절의 모티 그 너머에 있는 그리움 때문이 아니겠는가? 그리움은 냉혹한 현실을 참아내게 하는 가슴 속 불씨가 된다.

계절도 이제 막 한 모티를 돌고 있다. 봄이 오고 있는 것이다. 과연 봄은 어디로부터 오는가? 꽃소식이 남쪽에서 오니 남쪽으로부터 온다고 하기도 하고 땅이 풀리며 봄이 시작되니 땅 밑에서부터 온다고도 한다. 하지만 정작 봄은 우리의 마음에서부터 오는 게 아닐까? 봄을 그리워하는 훈훈한 마음, 그리움에서부터 봄이 시작되는 것은 아닐까?

저 모티를 돌면 봄이 있을까?

모티길 돌아서 봄이 오고 있다.

물싸리꽃

요즈음 물싸리꽃이 한창이네요. 마치 잘 튀운 튀밥처럼 하얗게 피었습니다. 물싸리라는 말은 민가에서 부르는 속된 이름이고 원래 정식 명칭은 조팝나무라고 하지요.

지난겨울에 혹독한 추위가 있어서인지 모르지만 올해는 더 환하게 피어나네요. 물싸리꽃은 그 해 겨울의 추위가 심하면 심할수록 더 화사하게 피어난다지요. 지난겨울 너무 추워 누렇게 말라 죽은 대나무와 너무 대조가 되네요. 푸른 대나무는 한겨울을 이겨내는 절개의 상징으로 여겼었는데 이처럼 누렇게 말라 죽어 화사한 봄의 발목을 잡고 있으니 이상한 느낌이 듭니다.

지난가을 일찌감치 잎을 다 버리고 겸허한 자세로 겨울을 맞이했고, 빈 가지로 모진 삭풍에 몸을 맡기며 한겨울을 겸손히 지낸 물싸리는 이토록 화사한 꽃을 피웠는데 청죽은 잎 하나 버리지 않고 도도한 자세로 찬바람에 버티더니 저렇게 말라 죽은 채로 봄을 맞이합니다. 인간을 포함한 그 어떤 것도 자연을 대하는 자세가 겸손해야 한다는 교훈을 가르쳐 주는 것 같네요.

물싸리꽃은 아주 낮은 곳에 피어나는 겸허한 꽃이지요. 절대로 산 중턱 이상은 올라가지 않습니다. 야산 둔덕이나 밭뚝 근처 가시덤불이나 지난겨울 죽음의 잔해인 마른 억새수풀 사이와 같은 아주 천한 곳에 피어나지요. 그래서 그런지 화투장에는 흑싸리로 표현된 꽃이기도 합니다. "흑싸리 쭉정이만도 못하다."라는 보잘것없는 무엇을 비하해서 말할 때 곧잘 사용하던 그 흑싸리 말입니다.

옛날 민화투 시대는 흑싸리 쭉정이가 쓸모없었지만 요즈음 고스톱 시대에는 흑싸리 쭉정이만큼이나 실한 것도 없습니다. 피박 면하는 데에도 도움이 되고 고도리할 때 필요한 새 한 마리를 잡아올 수 있는 미끼도 되고 초단까지 넘볼 수 있으니 예쁜 꽃이라서 김지미 궁뎅이라고 불리는 목단 열짜리에 비하면 얼마나 실합니까? 시절이 바뀌니 천하고 귀한 것도 바뀌는가 봅니다.

칠월에 꽃이 붉게 피는 홍싸리는 가을에 베어다가 빗자루도 만들고 울타리를 만들 정도로 야무져서 참싸리라 불렀고 사월에 꽃 피는 조팝나무는 쉽게 부러져 싸리비도 못 만들고 울타리도 만들 수 없어 물싸리라 불렀다지요. 하지만 꽃의 아름다움은 홍싸리에 감히 비할 바가 아니지요. 핀 듯 만 듯 잘 보이지 않아 꽃답지 못한 홍싸리꽃보다 물싸리꽃은 눈부신 환한 아름다움이 있지요.

이른 봄, 꽃샘추위로 모든 게 쌀쌀맞고 황사까지 불어와 칼칼한 목감기에 신열이 끓어올라 몸과 마음이 불편한 계절, 어느 하나 환한 게 없는 어설픈 계절에 민가 가까운 밭둑이나 야산 둔덕에 화사하게 피어나 봄 농사 시작하는 농부들의 움츠린 마음을 환하게 밝혀준 고마운 꽃이기도 하지요.

물싸리꽃이 필 때면 처음 교직생활을 막 시작하던 때가 생각납니다. 1975년 2월 대학교를 졸업하고 8월 5일 군대 입영 날짜를 받아 놓았는데 3월 19일에 첫 발령이 났습니다. 제가 처음 부임한 학교는 봉화 소천중학교였습니다. 군 입대 휴직하기 전 4개월을 소천중학교에서 근무했었지요.

오지인 봉화에서도 90리 더 강원도 쪽으로 들어가야 하는 산골지역이지요. 부임할 때 이불 보따리 들고 따라 오셨던 어머님께서 김천 자택에 도착하자마자 집에 올 때는 버스 타지 말고 꼭 기차를 이용하라는 전보를 보냈을 정도로 길이 험하고 먼 곳이었지요. 그곳에서 처음 교직생활을 시작했습니다.

발령받고 한 달여 지난 시기이니깐 4월 말 아니면 5월 초 정도 되었을 것 같네요. 나른한 오후 5교시 3학년 2반 여학생반 영어 시간이었습니다. 시작종이 울려서 교실에 들어가니 분위기가 영 말이 아니었습니다.

40여 명의 여학생들 모두가 엎드려 졸고 있거나 졸지 않는 학생들도 눈은 풀어질 대로 풀어져 있었고 이미 기진하여 수업에 임할 기분이 아닌 것 같았습니다. 아이들 모습들이 마치 김장김치 담기 위해 소금에 절여 놓은 배추처럼 아니 바람 빠진 고무풍선 인형들처럼 축 늘어져 있었습니다. 나는 나태해지고 군기가 허물어진 오합지졸들을 데리고 치열한 전투를 치루기 위해 이제 막 출전해야 하는 장군이 느끼는 무모함과 참담함을 느꼈습니다.

이유를 들어 보니 오후 5, 6, 7교시가 모두 영어 시간이기 때문이랍니다. 그때만 해도 멀리 안동이나 대구에 자택이 있는 선생님들 중 한두 분은 월요일 하루 결근하는 일이 다반사였습니다. 결강이 생기면 그 학교에서 가장 젊고 학교 주변에서 하숙을 하고 있는 총각선생인 제가 보강교사로 가장 적격자이면서도 가장 부탁하기가 만만한 사람이었으니깐 어지간한 보강은 제 몫이었지요.

5교시는 원래 나의 영어 시간이고 6교시는 결근한 선생님의 보강으로 영어 시간이고 7교시는 보충수업 보강으로 또한 영어 시간이었습니다. 시골 중학교 3학년 여학생들에게는 영어라는 과목이 그리 재미있는 과목이 아닙니다. 이 청명하고 따스한 봄날 따분한 영어 수업이 아니래도 모든 걸 떨쳐버리고 산과 들로 마구 쏘다니고 싶은 춘정을 억제할 길이 없는 소녀들인데 하물며 가장 나른한 오후 3시간을 가장 재미없는 영어 수업으로 난자당할 것을 생각하니 생각 그 자체가 미리 진을 다 빼버렸다고 합니다.

반장이 인사를 하고 난 뒤 내 눈치를 보며 묻습니다. "선생님예, 오늘 날씨 어때 예? 창밖을 한 번 보이소. 저 푸른 하늘과 맑은 개울물이 우리들을 막 오라고 부른다 아입니꺼? 우짜면 좋습니꺼?"

반장 말대로 창밖을 쳐다보았습니다.

그때 내 눈에 들어온 것이 바로 물싸리꽃이었습니다. 학교 옆 밭둑에 무리지어 화사하게 피어있던 물싸리꽃을 보았습니다. 그때는 그것이 물싸리인지 조팝나무인지도 몰랐지만 따스한 봄날 맑은 하늘 아래 피어있던 한무리의 화사한 꽃은 한창 젊었던 나에게는 거역할 수 없었던 봄의 유혹이었습니다.

위험한 줄 알면서도 미인이 주는 독배를 마시는 로마의 검투사처럼 나는 자신도 모르게 이렇게 외쳤습니다. "자, 자, 모두 조용히 하고, 오후 영어 3시간은 야외수업이다! 저기 보이는 무덤가 잔디밭으로 모두 모여라!"

이 말이 나오자마자 "와!" 하고 학교가 떠나갈 듯 함성이 터졌습니다. 마치 둑에 가득 찬 물이 조마조마하다가 툭 터져버려 한꺼번에 쏟아져 내리는 듯 답답한 것이 일시에 확 뚫리는 시원한 느낌이 들었습니다.

좋아라고 뛰쳐나가는 여학생들의 뒷모습을 흐뭇하게 바라보고 있는데 누군가가 내 어깨를 두드립니다. 뒤돌아보니 아이들 함성에 놀라 뛰쳐나온 교장선생님이었습니다. "정 선생님! 무슨 일입니까?"라고 묻는 교장선생님께 대답할 말이 없었습니다. "교장선생님! 진달래꽃 좀 꺾어 오겠습니다." 눈이 휘둥그레진 교장선생님을 뒤로하고 학생들에게로 뛰어갔습니다.

진달래도 꺾고 돌도 줍고 개울가 피라미, 가재도 잡으면서 활짝 핀 물싸리꽃만큼이나 흐드러지게 놀았습니다. 그날 오후 3시간은 천진난만한 아이들과 함께 그 따스하고 청명한 봄날 속에서 온전히 봄과 함께 존재했던 시간들이었습니다. 지금 돌이켜보면 그날만큼 봄의 축복 속에서 봄을 만끽해본 적도 없었던 것 같습니다. 내 나이도 그때가 봄날이었으니까요.

물론 퇴근시간 넘기고까지 긴급 직원회의를 해야 했고 교장, 교감선생님에게 꾸중과 장황한 교육관의 설교를 들어야 했던 불편함을 감수해야 했지요. 왜 그런 말도 안 되는 수업을 했는지 이유를 글로 쓰라고 하신 교장선생님의 물음에 "이렇게 날씨가 청명하고 화사한 봄날에는 불완전하고 못난 저보다도 한 번쯤은 아름다운 자연에게 배우는 시간이 학생들에게 더 유익할 것 같았습니다."라고 대답한 기억이 납니다.

그때 교장선생님에게는 제가 어지간한 문제교사로 보였던 모양입니다. 그 날 이후로 수시로 불려가서 교육자의 자세에 대한 교육을 받아야했고 나는 반발심으로 어긋나는 행위를 가끔씩 저지르곤 했지요.

골치 아픈 교사가 입대휴직을 하니깐 앓던 이가 빠진 듯 시원해 하실 줄 알았는데 입대하고 6주간의 신병 훈련기간 동안에 그 어렵다던 훈련병 면회를 지인에게 부탁하여 오신 걸 보면 싸우면서 정이 든다는 말의 뜻을 그때 알았습니다.

쉬는 것, 먹는 것을 마음대로 하지 못하는 신병훈련병에게 군 권력기관인 보안대를 통해서 통닭을 사들고 면회 온 교장 선생님이 너무 의외이고 감격스러워 울먹이며 그간의 죄송함을 말하자 등을 토닥여 주시며 하시는 말씀 "그래 그때는 속은 좀 상했지. 하지만 그래도 정 선생이 그렇게 밉지는 않더라. 그래서 이렇게 면회까지 안 왔나? 훈련기간 몸조심 하거래이. 군 복무 잘 마치고 앞으로 훌륭한 선생님이 되어야 하지 않겠나?"

그때 먹었던 그 통닭 맛은 죽어도 못 잊을 것입니다.

먼 산 색이 갈회색에서 보일 듯 말 듯 연한 연둣빛 색조로 아스라이 변해갈 때쯤이면 어김없이 이 땅에는 뿌연 황사가 불어오고 황사와 함께 물싸리꽃이 흐드러지게 피어납니다. 물싸리꽃이 필 때면 교사 초년병 시절 그 젊음에 대한 그리움이 신열처럼 내 마음에 끓어오릅니다.

밭둑에 핀 조팝나무 꽃처럼 환한 봄이 되기를 빌어 봅니다.

백목련과 동백꽃

만물이 소생하는 봄이다.

우리가 봄을 기다리는 것은 꼭 추위에서 벗어나기 위해서뿐만 아닐 것이다. 우리가 봄을 그토록 기다리는 이유 중의 하나는 꽃을 보기 위해서가 아닐까?

무채색 죽음의 색깔로 우리의 중추신경을 자극할 만한 색깔이 전혀 없는 겨울 풍경은 어쩌면 과거의 색 바랜 흑백사진이고 산하가 푸른 생명의 색깔로 바뀌고 그 속에 알록달록 꽃이 피는 봄 풍경은 현재 벌어지고 있는 총천연색 축제 사진인 것이다. 사람들은 축제를 기다리듯이 봄을 기다리고 꽃을 기다린다.

어렵사리 마련한 전원주택 정원에 심을 묘목을 사러 나가는 나에게 아내는 백목련 묘목을 꼭 사오라고 다짐을 한다. 아내는 백목련을 좋아해서 정원을 가지게 되면 백목련을 심을 것이라고 전부터 말해왔던 터라 그 자리에서 박절하게 거절하지 못했다. 하지만 나는 나의 뜰에 백목련만큼은 심고 싶지가 않다. 그러마하고 건성으로 대답을 했지만 사오지 않았다. 왜 사오지 않았느냐는 아내의 성화를 적당히 얼버무리고 말았다. 언젠가는 아내도 나와 공감하고 나의 마음을 이해하게 되리라.

백목련은 남의 집 담장 너머로 잠깐잠깐 감상하기에는 좋은 꽃이기는 하나 내 안뜰에 심어놓고 처음부터 끝까지 장시간 바라보기에는 부담스러운 꽃이다.

백목련은 겨울동안 갈색 껍질 속에서 겨울잠을 잔다. 그러다가 아직 매서운 한기가 가시지 않은 겨울의 끝자락부터 잠든 가지 끝에 작은 꽃봉오리가 맺히고 겨울 한기의 매서움이 누그러짐에 따라 사춘기 소녀 젖무덤처럼 꽃봉오리가 차츰차츰 부풀어 오른다. 때가 되면 송골송골한 흰털이 덮인 연갈색 껍질을 뚫고 싸늘한 하늘을 배경으로 정말 꿈처럼 피어난다.

백목련은 그렇게 막 피기 시작할 때가 가장 순수하고 아름답다. 마치 예쁜 소녀가 계곡 맑은 물에 갓 세수한 맨 얼굴을 쳐든 것처럼 순수하고 싱싱하다.

그리고 활짝 핀 모습은 또 얼마나 아름다운가? 꽃 중의 여왕이라는 백합보다 더 고귀하고 화사하여 맑은 하늘 아래 환하게 만개한 모습을 보면 마치 내가 푸른 하늘로 날아오르는 듯 기분이 환해진다. 어느 시인은 사월의 백목련을 정갈하고도 도도한 맵시라고 표현하였다.

하지만 내가 백목련을 나의 뜰에 심지 않는 이유는 떨어질 때의 모습이 너무 처참하게 추하다는 것이다. 백목련이 질 때는 참으로 보기가 민망할 정도로 추하다. 이러한 민망함을 해마다 겪어야 하는 것이 백목련을 쉽게 나의 안뜰에 심지 못하는 나의 부담스러움이다.

덩치가 큰 백목련 꽃잎은 벚꽃잎처럼 나풀나풀 허공을 유린하는 꽃비가 되지도 못하고 복숭아꽃처럼 시냇물에 동동 흘러서 이상향의 소재도 알리지 못한 채 담 너머 호박 떨어지듯이 그냥 툭 떨어지고 만다. 떨어져서는 바나나 껍질처럼 통째로 시꺼멓게 썩어 들어가고 비라도 내리면 그 추함은 절정에 달한다.

비 오는 봄날 봉곡사 앞뜰에 떨어져 호무러지고 있는 백목련의 모습은 차라리 보지 않았으면 좋았을 것이다. 썩어

널브러져 뒹구는 모습이 마치 마음속으로 동경하던 아름다운 여인이 천박한 시정잡배와 어울리며 타락해가는 모습을 보는 것 같아 추하다 못해 배신감까지 들었다.

나는 떨어진 꽃까지 아름다워야 한다고 주장하는 그렇게 욕심 많은 완벽주의자는 아니다. 비록 떨어진 꽃일지라도 한때 아름다움을 품었던 꽃이었다면 꽃으로서의 작은 자존심이라도 지키기를 바라는 것이다.

인간사도 마찬가지일 것이다. 얼마나 많은 사람들이 한 때 품었던 고귀함을 헌신짝처럼 버리고 최소한의 자존심도 지키지 않은 채 그냥 시류에 영합하여 타락해 가지 않는가?

같은 시기에 피었다가 지는 동백꽃을 보라.

동백꽃은 꽃잎 낱개로 하나하나 떨어지지 않고 꽃송이 통째로 떨어진다. 그리고 떨어져서도 얼마동안은 꽃다움을 잃지 않는다. 동백꽃은 하얀 눈 속에 붉게 피는 그 모습도 보기 좋지만 떨어질 때 미련 없이 질질 끌지 않고 통째로 댕강 떨어지는 그 기백이 좋아 동백을 좋아하는지도 모른다.

사월의 백목련을 정갈하고 도도한 백목련이라고 노래한 시인은 동백을 붉은 그리움으로 멍울진 동백이라고 노래했다. 동백꽃은 우리나라 사람들의 정서에는 그리움의 대명사가 된 모양이다.

하지만 왜 동백이라고 그리움에 대한 미련이 없었겠나? 꽃잎 하나 떨어뜨리고 벌을 유혹하고 또 하나 떨어뜨리고 나비를 기다리고 싶은 마음이 왜 없었겠냐 말이다. 그러나 갈 때가 되면 미련 없이 가는 것이다.

우리는 때를 놓치고 질질 끌다가 끝내 추한 모습을 보일 경우가 얼마나 많은가? 되지 않는 미련을 버리고 담박하게 포기하는 미덕을 동백꽃에서 배우게 된다.

그리고 동백꽃은 땅 위에 떨어지고도 며칠 정도는 가지 위의 모습이나 별반 다를 바가 없다. 떨어진 꽃이지만 꽃의 자세를 흐트러뜨리지 않는다는 말이다. 떨어지자마자 허물어져 타락하는 백목련에 비해 얼마나 배포 있고 자존심이 강한 꽃인가? 꽃이란 피는 모습이 더 없이 아름다웠다면 지는 모습도 그렇게 추하지는 않아야 한다.

나는 막 피어나는 백목련의 모습을 너무 사랑하고 아낀다. 그래서 나의 안뜰에는 백목련을 심지 않으련다.

백목련은 반드시 떨어진 꽃이 보이지 않는 높은 담장 너머로 볼 것이로다.

수수꽃다리 향기에 취해

'신록이 꽃보다 더 아름답다.'라고 하더니 온 산하가 신록의 재잘거림으로 시끌시끌하다. 봄이라고는 하지만 곡우 날 함박눈이 내릴 정도의 변덕스러운 꽃샘추위 때문에 꽃다운 꽃을 보지 못한 올해는 그 말이 더 실감나는 것 같다.

꽃은 알록달록 색감의 아름다움이 먼저 느껴지지만 신록은 빛깔보다 눈으로 느끼는 여린 질감이 먼저 가슴에 와 닿는다. 초로신사의 머리칼같이 산 중턱에 희끗희끗 피어났던 산벚꽃은 저번 비로 다 떨어졌는지 보이질 않고 산 빛 속에는 나무 종류마다 제각기 다른 녹색차림의 향연들이 몽실몽실 피어오른다. 신록이 피어나는 산 빛은 얼핏 보면 풀빛 녹색이지만 자세히 들여다보면 그 녹색에도 여러 가지 변화들이 조화롭게 모여 있다. 노리끼리한 연두색, 밝은 연두색, 연한 갈색을 띤 연두색, 짙은 녹색, 검푸른 녹색 등등…….

어제는 비온 후라서 그런지 쌀쌀하더니만 오늘은 화창한 날씨이다. 출근길 봄의 싱그러움을 느끼기 위해 반쯤 열어놓은 차창으로 한줄기 짙은 라일락 향기가 스며든다. 아리따운 젊은 여인네가 가까이 다가 와 안기는 듯 너울처럼 일렁이는 향기는 아련한 춘정을 불러일으킨다. 이래서 라일락에는 '사랑의 싹', '청춘', '젊은 날의 초상' 등 젊음과 사랑이 엉킨 다양한 꽃말들이 있는가 보다.

라일락은 원래 수수꽃다리라는 우리 토종 꽃이었다고 한다. 조선 말엽 영국식물가가 한국에서 가져가 원예 종으로 개량했다는 이야기도 있고 서양 라일락의 원산지가 중동 산악지대에 따로 있다는 설도 있다. 그리고 미군정 시 미군에 근무하는 미국 식물가가 우리 토종 라일락을 가져가 개량하여 역수입되어 들어온다고도 한다. 이름을 자기 사무실에서 근무하는 여직원의 이름을 따서 '미스김라일락'이라고 등록하였다는데 그 미스 김의 체구가 아주 작았던 모양이다. 미스김라일락은 일반 라일락보다 왜소하게 개량한 것이라고 한다.

미스김라일락은 한두 그루 따로 심기보다 모아심기로 큰 정원이나 고속도로 나들목의 풍치수로 많이들 심는다. 아무튼 꽃의 모양새가 수수 이삭 꼬다리를 닮았다고 수수꽃다리라고 불렀던 모양이다.

라일락은 사랑의 꽃이다. 나무 잎사귀부터가 사랑의 상징인 하트 모양이다. 그리고 해마다 봄이 되면 아련한 향기를 피워 나른한 봄 햇살과 함께 첫사랑을 갈망하는 사춘기 소녀들에게 주체할 수 없는 춘정을 일으키게 하여 곧잘 가출로 몰아가는 봄바람의 원인이 되기도 한다. 아니면 젊은 날의 추억만을 먹고 사는 노인네들에게 또 한 번 사랑의 아찔함이 생각나게 하는 그야말로 사랑을 상징하는 꽃이다.

"베사메 베사메 무초 고요한 그날 밤 리라꽃 피는 밤에,
베사메 베사메 무초 리라꽃 향기를 나에게 전해다오."

베사메 무초라는 유행가에 나오는 리라꽃이 바로 이 라일락의 프랑스 이름이라고 하니 라일락 꽃향기에 아찔한 사랑의 춘정을 느끼는 것은 서양이나 동양이나 매 한가지인 모양이다.

우리나라 시골집 어느 정원에도 흔하게 한두 그루씩 심겨져 있는 걸 보면 원산지가 우리나라가 맞는 것 같기도 하고 우리나라 사람들이 라일락 꽃향기를 좋아하고 남녀 간의 사

랑에 유별나게 안달복달하는 민족이라는 것을 말해주는 것 같기도 하다.

꽃샘추위가 누그러져 더 이상 꽃과 새싹을 해칠 수 없을 정도로 대기가 훈훈해지면 라일락꽃이 수수팥떡의 팥알 같은 자잘한 꽃봉오리들을 수수이삭처럼 달고 하나 둘 피어난다. 그리고 꽃이 피어난다 싶으면 온 집안은 황홀한 향기에 잠겨 이내 다른 세상으로 변해 버리고 만다.

라일락은 다른 꽃들에 비해 그 향기의 농도가 짙고 요염하다. 그래서 한두 송이만 피어나도 집안 전체에 빠르게 퍼진다. 그래서 라일락 향기는 서서히 다가오는 은근한 사랑이 아니라 어느 날 갑자기 소나기처럼 찾아오는 풋사랑의 열병과도 같은 향기이다.

언젠가 싱숭생숭한 봄밤에 달이 너무 밝아 잠시 거닐 요량으로 나섰다가 라일락 향기에 취해 밤늦도록 잠 못 들고 헤맸던 일이 생각난다. 싱그러운 봄밤 달빛 교교히 비추는 정원에서 맡는 짙은 라일락 향기란 마약과도 같은 것이었다. 그러지 않아도 가슴 울렁이는 봄밤인데 달빛에 젖어버린 마음은 라일락 향기로 인사불성이 되어 신비 속을 서성일 수밖에 없었다. 시공간을 초월한 신비감에 사로잡힌 마음은 아편을 마신 듯 바다 밑 같은 고요한 몽환 속을 이리저리 거닐었던 것이다.

얼마나 지났을까? 꿈이란 언젠가는 깨어나기 마련이지만 황홀한 꿈이 깨져버린 것은 의외의 일 때문이었다.

짙은 라일락 향기에 취해 말로 표현하지 못할 황홀과 신비에 사로잡힌 나는 사랑을 노래하는 시인도 되었다가 사랑에 사로잡힌 연애소설의 주인공도 되었다가 하면서 밤하늘의 먼 별나라를 넘나들고 있었다. 그러다가 문득 라일락 나뭇잎의 맛은 어떤지 궁금했다. 사랑의 상징인 하트 모양인 라일락 나뭇잎은 꽃향기만큼이나 맛도 좋을 것 같았다. 그래서 조금의 의심도 없이 몇 장 따서 입에 넣고 꾹꾹 씹어 보았다.

하지만 이게 무슨 일인가? 항상 호기심이 화근이라고 하더니 꽃향기에 비해 잎의 맛은 써도 너무 쓰다. 잎 하나를 따서 혀끝으로 조심스레 맛을 보지 않고 바로 어금니로 꾹꾹 씹어 맛을 본 나의 경솔함이 원망스러웠다. 입 안 전체가 쓴맛으로 가득 차서 구역질이 날 정도였다. 황홀한 향기와 달빛 때문에 너무 믿어버린 것이 큰 실수였다. 웩웩거리며 입 안의 것들을 토해 내고 몇 번을 물로 헹구어도 쓴맛이 사라지지 않는다.

참으로 어처구니가 없었다. 인간이란 얼마나 간사한 동물인지 육체의 조그마한 괴로움 하나가 그 엄청난 신비에 사로잡힌 먼 별나라의 황홀한 성과들을 일순간에 허물어 버리지 않는가? 입안의 쓴맛은 달빛과 향기가 만든 낭만적인 풍정을 쓰디쓴 지옥으로 바꾸어 놓기에 충분할 정도로 강했다. 황홀한 느낌은 다 어디로 가고 입안의 쓴맛만 오래도록 남는다.

황홀한 꽃향기로 사랑을 부추기는 라일락의 나뭇잎이 이렇게 쓰디쓴 맛이고 한 번 맛보면 쓴맛이 입안에 오래 남는다는 사실이 사랑에 대한 또 다른 메시지를 주는 것일까?

원래 사랑이라는 것은 황홀로 시작해서 쓰디쓴 맛으로 끝나고 끝난 사랑의 쓴맛은 오래 남는다는 것을 의미하는 것인지 아니면 사랑이라는 것은 서로를 존중해주고 어느 정도의 거리 즉 향기를 맡을 수 있는 거리를 유지해야지 너무 가까이 탐닉에 젖어 서로를 맛보려고 들면 쓴맛을 보지 않을 수 없다는 것을 말해 주려는 것일까?

和而不湯, 사랑의 운행에도 적용되는 말인 것 같다.

사랑이란 침묵보다 더 잔인한 것인가?

사랑을 찾아 밤새 피를 토하듯 쏟아내는 소쩍새 울음이 그리움의 고개 마루를 넘는 봄밤이다. 아찔한 수수꽃다리 향기에 취해 황홀한 사랑을 꿈꾸는 봄은 무채색 침묵으로 잠든 겨울보다 그래서 더 잔인한 계절인가 보다.

진달래

오늘 아침 처음으로 진달래가 핀 것을 보았습니다. 출근길 차창으로 스치는 풍경 속이었습니다. 매일 지나치는 추풍령 고갯길 어디메쯤, 양지 바른 산비탈에 한두 송이 피었더랬습니다. 양지 바른 곳이라 미미한 초록 색깔들의 수런거림이 다소 있었지만 그래도 아직은 탈색된 죽음의 침묵들이 지배하는 갈회색 산비탈에 분연히 일어서 피었더랬습니다.

혹독한 지난겨울의 유해들이 엉켜 있는 무채색 침묵 속에 선연히 피어 오른 분홍빛 신선함은 잠시 스치는 순간에도 나의 눈에 포착될 만큼 아주 강렬한 것이었습니다.

진달래의 개화는 색 바랜 침묵 속에서 피어오르는 색깔의 쿠데타이기에 사람들에게 더 신선하게 다가오는지도 모릅니다. 진달래 개화를 시작으로 온 산은 신록과 꽃으로 채색된 새로운 세상이 열리겠지요.

진달래는 푸른 잎이 나기 전 딱딱한 가지 끝에서 하늘거리며 피어나는 모습이 다른 꽃보다 더 진솔한 정을 우리에게 주는 것 같고 차가운 한기를 이기며 피어나는 꽃이라서 우리는 진달래를 참꽃이라고 부르기도 합니다. 그래서 어떨 때는 따서 그대로 먹기도 해서 배고픈 시절 어린아이들에게 간식거리가 되기도 했지요.

옷깃을 여미기보다 풀어헤치기가 더 수월해질 때쯤이면 같은 진달래과 꽃인 철쭉이 핍니다. 철쭉은 푸른 잎들이 다 돋아 난 후에 피어나서 진달래만큼이나 새뜻한 맛이 없지요. 꽃잎도 진달래보다 억세고 독이 있어 먹지 못해 개꽃이라고 불렀습니다. 진달래인 줄 잘못 알고 철쭉을 따먹고서 웩웩 토하던 어릴 적 친구가 아직도 눈에 선하네요.

진달래 필 때쯤은 어김없이 황사와 꽃샘추위가 찾아오지요. 왜 해마다 이맘때쯤이면 황사가 날아올까요?

절세미인 왕소군이 '胡地無花草 春來不似春'이라고 노래했다고 하더니 오랑캐 땅엔 꽃이 없어 사막의 메마른 영령들이 편서풍을 타고 진달래 꽃구경을 오는 걸까요? 아니면 사막의 영혼이 된 징기스칸의 군대가 못다 한 한을 풀려고 달려오는 말발굽의 먼지인가요?

황사가 오면 편도선이 약한 나는 늘 칼칼한 목감기에 신열이 펄펄 끓곤 했습니다. 황사로 흐릿해진 들녘엔 가물가물 이어진 새파란 보리 이랑들이 무척 인상적이었지요. 지난 늦가을에 심은 보리가 겨우내 추위에 찌들어 제 빛깔을 찾지 못하고 끝이 허옇게 마르다가 훈훈한 봄바람에 막 제 빛깔을 찾는 시기이기도 하지요.

언제부터인지 보리 보기가 힘들어졌습니다만 내가 어릴 때는 보리를 많이들 심었지요. 가을농사인 벼농사와 여름농사인 보리농사로 2모작을 해야만 굶지 않고 근근이 연명할 수 있을 때이니 너도나도 모두 보리를 경작했지요.

새 학년 개학하고 얼마 되지 않아 먼 산 진달래가 필 때쯤이면 우리들은 보리밟기행사에 곧잘 동원되었습니다. 겨우내 보리밭이 얼어 보리 뿌리가 들뜨게 되고 얼음이 풀리는 즉시 꾹꾹 밟아 주어야 뿌리가 땅에 닿아 영양분을 빨아들일 수 있으니까요.

진달래가 피고 황사가 찾아오면 황토길 옆 청보리밭과 한 소녀가 아스라이 생각납니다. 지금은 초등학교, 그때는 국민학교였지요. 5학년 때인지 6학년 때인지 기억이 가물가물하지만 내가 세상에 태어나서 처음으로 좋아했던 어머니 외의 이성이 아닌가 생각됩니다.

새 학년에 나와 짝꿍이 된 아이로 예쁘게 머리를 길게 땋았던 것으로 기억됩니다. 교감선생님의 손녀인지 조카인지 아무튼 교감선생님과 인척관계인 소녀였습니다.

새로 만난 짝꿍이 너무 예뻐 처음 함께 자리에 앉았을 때 내 가슴이 쿵쿵 뛰었으니까요.

하지만 짝꿍은 나에게는 무척 쌀쌀맞고 새침했습니다. 나를 거들떠보지도 않았습니다. 다른 아이들과는 곧잘 이야기하면서도 나에게는 한 번도 먼저 말을 걸어오지 않았지요. 내가 어렵사리 무엇을 물어보아도 사무적으로 냉랭하게 대답할 뿐이었습니다. 나보다 키도 더 컸었고 공부도 더 잘했던 것으로 기억되니 보잘것없었던 나에게 관심을 주리라는 것은 애당초 무리였습니다. 하지만 저는 그 아이가 옆에 앉아만 있어도 좋았습니다.

새 학년이 시작되고 얼마 되지 않아 황사가 무척 심하던 날 보리밟기 행사 때였습니다. 황토길 옆 사래가 긴 청보리밭이었습니다. 처음으로 그 아이가 내 곁으로 와서 보리를 밟으며 이런저런 살가운 이야기를 걸어옵니다. 나는 무척이나 기분이 좋았지요. 하지만 마지막 헤어지기 전에 베풀었던 선심성 호의였을까요? 그 행사가 다 끝날 때쯤 그 아이가 청천벽력 같은 말을 합니다. 서울로 전학을 간답니다. 그 이야기를 듣자마자 나는 갑자기 목이 칼칼해지고 머리에는 신열이 오르는 듯했습니다. 그날 그 대화가 끝이었습니다. 그 아이는 전학 가버리고 다음날부터 저는 펄펄 끓는 목감기 신열로 며칠간 괴로워해야 했습니다.

그 후부터 진달래가 피고 황사가 오면 칼칼한 목감기와 함께 황톳길 옆 청보리밭과 그 소녀가 생각나지요. 그래서 황사가 짙게 끼는 날이면 진달래 같았던 그 소녀가 생각나고 나는 그리운 마음을 삭이며 진달래가 피었는지 보기 위해 산에 오르는 게 습관처럼 되었답니다.

시린 손을 호호 불며 올라간 뒷산 응달진 곳에 아직도 꽃망울의 갈색 껍질이 터지지 않은 채 그대로인 것을 보면 왜 그리도 실망스럽고 바람이 스치는 하늘은 또 왜 그렇게 을씨년스러웠던지 모르겠습니다.

그러다가 요행히도 한두 송이 꽃망울이 맺힌 것을 보면 마치 그 소녀를 만난 듯 그렇게 반가울 수가 없었습니다.

반지에 박힌 홍옥 보석처럼 아니 깃대 끝에 달린 봉긋한 깃봉처럼 쪽 곧은 연갈색 가지 끝에 분홍빛 꽃망울이 박힌 모습을 보면 반갑기가 그지없었고 바람도 더 없이 훈훈하게 느껴졌습니다.

마치 유명한 사람이 우리 동네를 찾아와서 나에게 제일 먼저 아는 체를 한 듯 우쭐한 기분에 "나 오늘 진달래 핀 것 봤다."라고 친구들에게 자랑을 하곤 했습니다.

아직 피지 못한 진달래 꽃망울은 자세히 들여다보면 그 색감과 질감이 여인네의 도톰한 입술 같은 생각이 듭니다.

진달래는 꽃망울도 예쁘지만 다 핀 꽃잎도 좋습니다. 다 핀 꽃잎은 하늘거리는 여린 촉감이 마치 여인네의 부드러운 속옷 같은 느낌이 듭니다.

그래서 진달래꽃은 여인을 연상시키는 꽃인가 봅니다. 여인도 너무 가까워 속속들이 다 아는 그런 여인이 아니라 3월의 꽃샘추위만큼이나 새침하여 잡을 수도 없고 가까이 갈 수도 없는 동경 속의 여인, 아니면 마음속에 깊은 생채기를 남기고 아쉬움 속에 떠나간, 그래서 더 그리운 여인을 연상케 하는지도 모르겠습니다.

진달래의 그런 느낌 때문에 김소월의 진달래 시가 우리들 가슴속 깊은 곳을 건드리는 시가 되는지도 모르겠습니다.

김소월 시만큼 그리움을 아름답게 표현할 수 없지만 오늘 처음 본 진달래의 감흥이 너무 인상적이어서 무언가 적긴 적어야 하겠고 둔한 필치로 시 한 수 적어 봤습니다.

그냥 재미로 읽어 주시기 바랍니다. 오늘도 많이 웃으세요.

진달래

달래
달래
진달래
가신 님 꽃 입술

포르쪽쪽 입맞춤
또 한 번 열리는 하늘

가물
가물
청보리 황톳길
아스라한 이별

아릿한 꽃샘추위
움 틔우는 아픔

알싸한 황사 목감기
토해내는 붉은 신열

산그늘 비켜 앉은

바위 틈새

박새 울음 따라

피어나는 질긴 그리움

여름

떠나가는 그대, 여름에게
별 볼 일 있는 사람
봉선화의 불편한 진실
상념의 끝자락
연꽃바위솔
찔레꽃 단상
호랑지빠귀 새

떠나가는 그대, 여름에게

"당신은 정말 위대하십니다."

이 말은 당신 위세가 겁이 나서 하는 아부의 말이 아닙니다.

가만히 서 있어도 삐질삐질 나오는 땀을 어찌할 수가 없었습니다. 엉거주춤한 자세로 선풍기에 얼굴을 디밀고 숨을 할딱거려 봐도 그때뿐 도무지 몸의 열기는 가시질 않았습니다.

오후에는 잠시 여우비가 스친 듯 내렸지만 당신이 달군 대지에 떨어진 빗물은 뜸 들이는 가마솥 뚜껑에 행주 짠 물을 끼얹은 듯 산골짜기마다 하얀 수증기를 피워 내며 이내 증발하고 맙니다. 더위를 식혀 주기는커녕 공기 중의 습도만 높게 하여 삐질삐질 나온 땀은 증발되지 않은 채 불쾌함으로 온 몸을 도포하고 숨구멍이라는 숨구멍은 죄다 막아버려 숨까지 할딱거리게 만듭니다.

"참으로 당신의 위력은 대단합니다."

해가 중천에 떠 있을 때는 감히 밖에 나가 잡초 한 포기를 뽑지 못합니다. 눈이 부실 뿐만 아니라 도대체 햇볕의 날카로운 파편들이 살갗을 파고들어 따가워 견디질 못합니다. 해가 뒷산으로 넘어가고 산그늘이 집 전체를 가려줄 때까지는 그저 당신의 위세에 눈치를 보면서 그늘만 찾아다니는 비굴함을 보여야만 겨우 제정신을 차리게 됩니다.

다행히도 우리 집은 동향으로 서쪽 산이 바로 집 뒤에 위치하여 산그늘이 일찍 드리워집니다. 하지만 산그늘이 드리워졌다고 당신의 위세에서 완전히 벗어난 것은 아닙니다. 햇볕의 강렬함은 그늘 속이라 다소 덜하지만 열기는 매 마찬가지이지요. 그늘이 졌다고 잔디밭에 잡초라도 뽑을 요량으로 쪼그리고 앉아 있으면 팥죽 같은 땀이 등줄기부터 이마까지 줄줄 흐릅니다. 속옷이 다 젖는 것은 차치하고라도 땀이 눈으로 들어가 따가워 견딜 수가 없습니다. 샤워장으로 가서 찬물을 두어 바가지 끼얹어보지만 그것도 잠깐뿐 볼품사납게 웃통을 벗어 던지고 선풍기를 껴안고 있어야 겨우 숨을 쉽니다.

밤에는 더더욱 고통스럽습니다. 선풍기를 틀고 자지만 잠을 설치기 일쑤입니다. 깜빡 잠이 들어도 이내 후덥지근함에 잠이 깨고 선풍기 바람에 목만 칼칼해집니다. 잠깐 토끼잠이 들었다 싶으면 다시 깨어나고 그렇게 몇 번 반복하고 나면 날이 희뿌옇게 밝습니다. 잠 설친 까칠한 눈으로 밖으로 나와 보지만 바깥 역시 시원한 구석이라고는 찾아볼 수 없고 후덥지근하기는 마찬가지입니다.

새벽녘까지 후덥지근함이 지속되기는 아마도 내가 철들기 시작해서 처음 경험해보는 것 같습니다. 여태의 지나간 여름들은 한낮에는 매우 뜨겁고 저녁잠 들 때까지는 후덥지근한 열대야가 지속이 되더라도 새벽녘에는 선선한 기운을 풀어 사람들이 한낮에 겪게 될 맹렬한 더위에 견딜 수 있는 힘을 비축할 수 있도록 했는데 당신은 참으로 놀라운 힘을 발휘하셔서 새벽녘의 선선함까지도 우리에게 용납하지 않았습니다.

새벽녘 쉴 틈도 주지 않는 당신의 위세에 우리들은 풀이 죽어 아니 전의를 상실하고 산뜻한 아침이 아니라 후줄근한 아침을 맞이하곤 했습니다. 새벽녘까지 열대야가 지속된 것은 아마 50년 만에 처음 아니 사상 처음인지도 모릅니다.

아무튼 지난 수일 간은 당신의 위세가 유별나게도 극에 달한 시기였습니다. 이렇게 6월부터 시작된 당신의 독재가 한 없이 펼쳐질 줄 알았는데 아니 적어도 두어 삭은 더 갈 줄 알았는데 그 엄청난 독재가 사소한 징후 하나에 이렇게 무너질 줄은 상상도 못했습니다.

어제 오후 소낙비가 내린 뒤에 잔디밭 위로 메밀 잠자리 몇 마리가 유유히 비행하는 일이 있었는데, 맹세코 그 작은 일밖에는 아무 일 없었는데 오늘 새벽녘에는 선선한 느낌이 들어 이제까지 옆에 펼쳐 두기만 했지 한 번도 덮지 않았던 얇은 이불을 잠결에 끌어 당겨 덮었습니다. 일어나 보니 아침이 뿌연 안개와 함께 서늘한 기운으로 돌아와 있었습니다.

"참 이상한 일이었습니다." 어제까지 만해도 그렇게 기승을 부리던 당신의 위세가 일개 메밀 잠자리 몇 마리가 나타났다고 이렇게 달라지다니 신기한 일일 뿐더러 곧 당신과 작별을 해야 한다고 생각하니 한편으로는 다행이다 싶으면서도 왠지 서글퍼지는 것은 어쩐 일일까요?

고생하면서 정든다더니 당신과 정이 들어서 그런 걸까요? 아니면 가부장적인 아버지가 항상 힘이 넘쳐 무척 강하신 줄 알았는데 세월의 무게를 견디지 못하고 약해지시는 모습을 언뜻 언뜻 보이실 때 느꼈던 그런 서글픔일까요?

아무튼 정신없이 휘몰아치던 당신이 갑작스레 차분하게 물러간다는 의사를 표시하니 믿어야 할지 의심스럽고 아직 보낼 준비가 덜 된 우리들은 무척 당황스럽습니다.

"하지만 이렇게 서둘러 끝날 일이 아닙니다."

우리 집 꽃밭의 키 큰 칸나가 그 빨간 꽃을 이제 막 달기 시작했고 추풍령 고갯길 가로수로 심은 배롱나무 열꽃들도 이제 막 한창이고, 여름을 노래하겠다고 수년을 땅 밑 암흑 속에서 굼벵이로 꿈틀거리던 매미가 이제 겨우 환생하여 목청껏 노래 부르기 시작했는데 벌써 당신이 약해지는 모습을 보이면 저들의 예쁜 자태와 향기와 노래는 어찌하라는 것입니까? 이대로 약해져 물러가시면 아니 됩니다.

물러가더라도 서서히 물러가서 언제 가을이 온 지도 알아채지 못하도록 계절의 바통을 가을에게 물려주어야 하지 않을까요? 그래야 당신의 독재에 치를 떨던 우리들은 당신의 지독함을 견디어 온 무용담을 자랑스럽게 말할 수 있지 않을까요? 그런 이별 방식이 여태의 그 위력으로 봐서는 옳지 않은가요? 악랄한 독재자일수록 질질 끌다가 혁명이나 민중봉기나 쿠데타로 그 종말을 고하지 않습니까? 왜 벌써 가시려 하나이까? 어떻게 하루아침에 표정을 싹 바꿀 수가 있습니까? 지금까지 정신없이 휘몰아쳐 왔던 그 위세는 허장성

세였단 말입니까? 그 허풍에 우리는 맥도 못 추고 눈치로 곁눈질하며 실실 그늘 속으로만 피해 다닌 비겁함을 보였단 말입니까?

"어찌 생각해 보니 약이 오릅니다." 며칠만 점잖게 품위를 유지하면서 기다리면 되었을 것을 뭐 그리 야단스럽다고 호들갑을 떨며 의복을 벗어 던지고 그것도 모자라서 선풍기 바람에 엉거주춤 고개를 숙이고 경박스럽게 숨을 할딱거리며 제 할일도 하지 못한 채 비굴하게 굴었는지 지금 생각하니 후회스럽기 그지없습니다. 당신 때문에 돌보지 못했던 뒷뜰 고구마밭 잡초가 하늘을 찌르고 제 때 깎아주지 못한 잔디는 장발처럼 텁수룩하여 답답하기 그지없는데 이렇게 갑작스레 물러가신다니 그것들을 돌보지 못한 핑계를 어디에다 어떻게 변명하란 말입니까?

지독했던 당신의 물러감을 만류하는 것이 당신의 두려움에서 벗어났다는 안도감에서 짐짓 한 번 부려보는 객기나 오기라고 생각하지 마십시오. 삐질삐질 나오는 땀도, 살갗을 찌르는 햇볕의 파편들도, 온몸을 휩싸는 그 불쾌함도 알찬 가을을 위해서 좀 더 참을 수 있습니다.

진심으로 원하오니 그대 부디 너무 일찍 떠나지 마시고 이제 막 맺기 시작하는 해바라기 씨앗들을 여물게 해주시고 이제 막 굵어지기 시작하는 밤알들도 더 굵게 해주시고, 아롱아롱 달린 감과 대추들의 때깔도 곱게 입혀주시어 단물이 충만케 해주시고 땅속에서 영글어가는 땅콩의 마지막 한 알까지 쭉정이 없이 알차게 맺을 수 있도록 도와주소서.

더 알차고 더 색깔 고운 가을이 되도록 마지막 힘을 써 주소서. 그래서 오래도록 잊혀지지 않는 강렬한 힘으로 우리 기억 속에 오래 남아 있는 그런 여름이 되소서.

(2010년 8월 25일)

별 볼 일 있는 사람

늙을수록 도시에서 그것도 생활하기에 편한 아파트에서 살아야 한다고 주장하는 사람들이 있다. 하지만 어릴 때 시골에서 자라서인지 나는 아파트를 그리 좋아하지 않는다. 특히 노년에는 시골에서 살아야 한다고 적극 주장하는 사람들 중의 하나다. 많은 이유가 있을 것이다. 그 중 한 가지가 아파트에는 마당이라는 공간이 없다는 점이다. 시골집에는 넓든 좁든 마당이라는 공간이 있다. 마당은 농사일이 주업이었던 우리 선조들에게는 자연과 인간의 완충지대인 틈새 공간이었다. 마당은 산과 들에서 시간을 보낸 인간이 휴식의 공간인 방으로 들어가기 전 잠시 머물며 몸과 마음을 정돈하는 공간이기도 하고 집에서 자연으로 나갈 때 몸과 마음을 추스르고 준비하는 공간이기도 하다.

항시 인간과 자연 사이에는 이런 완충지대인 틈새가 필요한데 공간적인 틈새가 마당이라면 시간적인 틈새가 바로 노후의 전원생활이 아닐까 생각한다. '전원생활의 철학'이라는 책에서 저자는 전원생활의 가치를 이렇게 말하였다. "보람 있는 삶을 보낸 뒤 공공의 무대에서 기품 있게 물러나 전원에서 덕스러운 휴식의 계절을 가지는 것은 현세와 내세 사이에 일종의 신성한 틈을 두는 것으로 드물고도 가치 있는 지혜의 일부이다."

이 말은 "자연에서 와서 자연으로 돌아가는 것이 인간이라면 늙어 자연으로 돌아가기 전에 자연과 가까운 곳에서 자연과 친해질 수 있는 시간을 가지는 것은 자연으로 돌아가는 일을 좀 더 자연스럽게 만들 수 있을 것이며 이런 준비의 기간을 가지는 것은 지혜로운 일이고 자못 가치 있는 일이다." 라는 말일 게다.

그 저자의 말이 아니라도 도시 직장에 근무하는 많은 사람들이 은퇴 후 전원주택을 짓고 시골에서 유유자적한 생활을 하는 것을 꿈꾼다. 나도 오랜 꿈을 좇아 4년 전 어렵사리 이 터를 장만해 두었다. 살림집을 퇴임 후에 지을까도 생각

했지만 집을 짓는 일이 그렇게 힘든 일이라는데 하루라도 젊었을 때 고생하자는 생각에서 작년에 일을 저지르고야 말았다.

아직은 제대로 자리가 잡히지 않고 퇴직 전이라 직장 근무와 병행하면서 집과 정원을 돌보고 텃밭까지 가꾸려고 하니 유유자적한 덕스러운 휴식은 엄두도 낼 수 없다. 여름에는 잡초와 씨름을 하고 겨울에는 땔감 나무를 장만하느라 주말마다 힘든 노동에 몸이 항상 피곤도 하지만 이 모든 것을 깨끗하게 보상해 주는 좋은 일들을 하나 둘 알아 가는 즐거움 또한 매우 크다.

전원생활의 좋은 점들을 일일이 열거하기에는 한이 없겠지만 그 중 내가 시골에 집을 서둘러 장만하기를 참 잘했다고 생각하는 좋은 일들 중 하나가 밤에 달과 별을 자주 바라볼 수 있다는 점이다. 시골에서는 땅거미가 지고 어둠이 내리면 사방이 이내 캄캄해진다. 그리고 인공적인 불빛이 너무 밝아 달과 별이 쉽게 눈에 들어오지 않는 도시의 밤과는 달리 밖에만 나가면 달과 별이 쉽게 눈에 들어온다. 마을 골목길을 밝히는 외등이 몇 개 있지만 어둠이 너무 짙고 광활해서 달빛과 별빛을 가리기에는 너무도 미약하다. 시골 마을의 외등은 밤하늘 풍정을 방해한다기보다 오히려 시골 밤 풍경을 고즈넉하게 만들어주는 삽화가 된다.

어떨 때는 밖에 나가지 않아도 하얀 달빛이 나의 침실 황토방 안까지 들어오고 잠자리에 누워서 별자리를 올려다 볼 수가 있다. 밝은 달빛이 황토방 이부자리까지 들어온 것을 처음 보았을 때 나는 마치 위대한 시인이라도 된 것처럼 황홀한 시 신명에 사로잡혀 잠을 이룰 수가 없었다. 채근담에서 읽었던 "月侵寒氈(월침한전), <달빛이 누추한 이불에 젖어들다.>"라는 문구를 생각해 내고는 밤새 주체할 수 없는 감상에 젖어 몸을 뒤척이며 잠을 이룰 수가 없었던 것이다.

"봄철의 흰 아가위 꽃무리도, 여름의 무성한 녹음 숲도 가을의 진홍색 열매 다발도 한겨울 빈가지가 드리워 주는 남창의 달빛 그림자 멋을 당해 내지 못한다."라고 어느 문인은 노래했다. 하지만 달빛에 젖으면 봄철의 꽃무리도, 여름의 무성한 녹음 숲도, 가을의 진홍색 열매 다발도 다 제 나름대로의 멋이 흘러넘친다. 밝은 태양빛 아래에서 보는 여인보다도 달빛 아래에서 보는 여인이 더 아름다운 이치와 같다고나 할까? 달빛에 젖으면 초라한 이불도 멋스러운 정감을 일으키는 시적 소재로 변하고 마는 것이다. 달은 어떤 마력을 지녔기에 동서고금을 막론하고 그 많은 시인과 문인 묵객들이 그렇게 오랫동안 노래해 왔는데도 아직도 미진한 그 무엇이 남아 있단 말인가?

밤하늘 감상의 묘미를 더해주는 것은 달빛 외에도 무수한 별들이 반짝인다는 것일 게다. 밤하늘 감상이 자칫 단조로움으로 빠져들까 봐 누군가가 영롱한 보석을 한 움큼 손에 쥐고 칠흑 같은 하늘에다 그냥 휙 뿌린 것 같다. 달이 뜨지 않아도 별은 반짝거린다. 하늘만 맑으면 언제나 별은 반짝거린다. 성질 급한 초승달이 쉽게 토라져 이내 서산으로 넘어가도, 풍만한 보름달이 밤새워 흥청망청 흥을 부려도, 게으른 그믐달이 늦도록 밤하늘을 비워두어도 별은 조용히 밤하늘을 지킨다.

하지만 별을 감상하는 일이 그렇게 쉬운 일만은 아니다. 우선 하늘이 맑아야 한다. 석양이 깔리고 어둠이 내린다고 바로 별이 찾아오는 것은 아니다. 어둠이 산과 들의 경계마저도 분별할 수 없을 만큼 짙어졌을 때에 별은 나타난다. 마치 떠다니는 물 속 불순물이 모두 가라앉아야 바닥의 아름다운 조약돌들이 서서히 보이듯이 일상의 잡다한 잔영들과 번잡한 소요들이 잦아들어야 별들은 하나 둘 찾아온다.

예로부터 별은 인간의 영혼과 깊은 관계가 있는 것처럼 생각해 왔다. 그래서 옛날사람들은 한사람의 영혼을 지배하는 별이 하늘 위 어딘가에 떠 있으며 그 사람이 죽으면 그

별도 별똥별이 되어 떨어진다고 믿어 왔다. 별을 바라보는 것은 나의 영혼을 찾는 일인지도 모른다. 우리가 꽃을 바라보는 것이 감성을 키우고, 책을 읽는 것이 지성을 키우는 일이라면 별을 자주 바라보는 것은 영성을 키우는 일이라고 생각한다.

별을 자주 바라보자. 밤하늘에서 영롱한 내 영혼의 별을 찾아보자. 영롱한 별을 자주 바라보며 자신의 영혼을 생각하는 사람이 어찌 극악무도한 죄를 저지를 수가 있겠는가? 삶에 쫓기다 보면 사소한 잘못은 저지를지 몰라도 끔찍한 죄는 범하지 않을 것이라는 생각이 든다.

현대를 살아가는 우리들은 너무 바쁜 나머지 밤하늘 별들을 제대로 쳐다볼 시간이 없다. 무어가 그리 바쁜지 머리 위에 밤마다 펼쳐지는 저 무변광대한 대자연의 황홀한 쇼를 우리는 외면한 채 살아간다. 아무리 바쁘고 힘든 일상이라도 가끔은 한 번씩 별을 바라보고 우리의 영혼을 생각해보자. 우리가 별이 될 수는 없지만 별을 닮을 수는 있지 않을까? 우리가 어떤 대상을 자주 바라다보면 그 대상을 닮아간다고 하지 않는가? 수십 년 서로 바라보며 살아온 부부가 서로 닮아가듯이 자주 별을 바라보면 우리의 영혼도 별을 닮아가지 않을까?

그래서 별처럼 영롱하게 빛나는 맑은 영혼의 소유자가 되지 않을까? 그러면 우리는 '별 볼 일 없는 사람'이 아니라 '별 볼 일 있는 사람'이 되지 않을까? 물론 '별볼일 없는 사람'이라고 말할 때 그 '별'은 '밤하늘의 별'이 아니라 '따로'의 뜻으로 '별볼일 없는 사람'이란 '따로 함께 상의하고 행동할 가치가 없는 하찮은 사람'이라는 뜻일 게다. 하지만 영혼을 맑히는 일은 밖으로 부유해지는 일 못지않게 안으로 충만해지는 가치 있는 일이다. 맑은 영혼의 소유자야말로 우리가 진정 가까이 하고 싶은 가치 있는 사람 즉 '별 볼 일 있는 사람'이 아닐까?

이래저래 나는 '별볼일 없는 사람'이 아니라 '별 볼 일 있는 사람'이 되고 싶어지는 것이다.

"오늘 밤에도 별이 바람에 스치운다."

봉선화의 불편한 진실

봉선화가 맞는 말인지 봉숭아가 맞는 말인지 나는 아직도 모른다. 鳳仙花는 한자어이고 봉숭아는 순수 우리말이 아닌가 하는 짐작을 할 뿐이다. 봉선화는 꽃의 모양이 봉황을 닮았다고 봉황 봉자와 고귀한 자태에 어울리는 신선 선자를 쓰는 모양이다. 이름으로 따지자면 어떤 꽃에도 뒤지지 않는 화려하고 품위 높은 꽃이다.

봉선화는 모든 사람들이 그러하듯이 나에게는 어릴 적 아련한 추억과 함께 누님들이 손톱 발톱에 붉은 봉선화 물을 들이는 애틋하고도 낭만적인 기억으로 남아 있다.

이글거리던 태양은 서산으로 넘어갔지만 낮의 열기가 방

안에 아직 남아 있어 쉽게 잠들지 못하는 한여름 밤이면 선선한 바람이 불어오는 동네 어귀 넓은 평상으로 마을 사람들이 하나 둘 모여든다. 으레 마을의 처녀들도 모여든다. 이제 막 사춘기를 벗어나서 말수가 적어지지만 자기네끼리의 비밀이 많아 또래끼리 모이면 수다가 많아지는 나이의 처녀들이다. 거울을 바라보는 시간이 전보다 훨씬 길어지고 몸집의 볼륨감이 풍만해져 달리기가 전처럼 날렵하지 못한 시기의 처녀들이기도 하다. 그 또래의 처녀들은 한쪽에 모여 자기들만의 비밀스런 이야기로 소곤소곤 수다를 떤다.

어둠 속에 떠다니는 반딧불이의 불빛과 밤하늘에 뿌려놓은 은하수 별빛은 더욱 밝아지고 알싸한 모깃불 쑥 냄새가 사그라질 때쯤 노닥거림에 지친 소녀들 중 누군가가 손톱에 봉선화 물을 들이자고 제안한다.

동네에서 가장 꽃밭이 넓었던 길자네 집 꽃밭으로 가서 봉선화 붉은 꽃잎과 줄기 그리고 푸른 잎을 따 온다. 푸른 잎은 봉선화 꽃잎 찧은 것을 손가락에 싸매는 용도로도 사용되지만 붉은 꽃잎과 함께 푸른 잎과 줄기도 함께 넣고 찧어야만 붉은 물이 더 많이 나온다. 이때 집에 아껴 두었던 백반을 함께 넣어도 되고, 백반이 없으면 괭이밥을 함께 넣어 찧어도 물이 잘 든다. 괭이밥을 따서 맛을 보니 백반 맛과 비슷하게 시고 떫은맛이 났다. 그 시고 떫은맛이 수산 성분으로 손톱의 칼슘성분을 연하게 만들어 물이 잘 들도록 한다는 사실을 최근에야 알았다. 괭이밥이 봉선화 물들이는 것에 효과가 있다는 것을 맨 처음 알아낸 사람이 누군지 몰라도 민간에서 전해져 내려오는 민간요법들이 현대과학으로도 입증이 되는 것을 보면 우리 조상들의 지혜로움에 다시 한 번 놀란다.

봉선화 물들이기는 봉선화꽃잎이 떨어지고 럭비공 모양의 노란 씨방이 달리기 시작하는 초가을까지 처녀들에게 인기 있는 행사가 된다. 이는 첫눈이 내릴 때까지 손톱 끝의 봉선화물이 빠지지 않으면 첫사랑이 이루어진다는 이야기 때문이란다. 이제 막 이성에 눈을 뜬 소녀들이 손톱에 붉은 봉선화 물을 들이고 가슴을 설레며 첫사랑을 기다린다는 사실이 너무도 신선하고 애틋하다. 그래서 봉선화에 대한 나의 인상은 이렇듯 낭만적이고도 애틋한 첫사랑과 연관된 신선한 이미지로 기억되어 왔다.

봉선화에 대한 또 하나의 이미지는 초등학교 시절 배웠던 노래가사로 형성되었다. "울밑에 선 봉선화야 네 모양이 처량하다. 길고 긴 날 여름철에 아름답게 꽃필 적에 어여쁘신 아가씨들 너를 반겨 놀았도다." 1920년에 발표되었으며, 김형준 작사 홍난파 작곡의 봉선화 노래이다. 나라 잃은 슬픔을 노래한 시를 작곡가의 바이올린 독주곡 「애수哀愁」의 선율에 맞춘 곡이란다. 이 가사에서처럼 봉선화는 어딘지 모르게 약하고 그래서 더욱 처량하고 가엾은 이미지로 나의 마음에 오래도록 자리잡아 왔다.

그런데 진실은 그게 아니었다.

오랫동안 나의 숙원이었던 전원주택을 짓고 꽃밭을 만들었다. 꽃밭 둘레에 돌을 둘러치고 내가 좋아하는 자그마한 야생화들도 심었다. 꽃밭을 꾸밀 때 아내가 봉선화를 심자고 제안했다. 나도 쾌히 동의했다. 평생 좁은 아파트에서 살다가 이제 겨우 넓은 전원주택에 살게 되었는데 앞마당에 꽃밭을 만들고 동요 가사대로 봉선화도 심고, 채송화도 심고, 메어 놓은 새끼줄 따라 나팔꽃도 올리는 것은 당연히 따라오는 작은 행복이 아니겠는가 하는 지극히 낭만적인 생각 때문이었다.

아내가 어디에선가 봉선화 씨앗을 소량 얻어 와서 이른 봄에 낭만적인 염원을 담아 정성껏 꽃밭에 뿌렸다. 싹이 터서 대지를 뚫고 올라올 때 아내는 아주 대견한 일을 발견한 듯이 퇴근하는 나를 데리고 꽃밭으로 인도했다. 우리는 신기해하며 봉선화의 새싹을 첫사랑을 기다리는 소녀의 애틋한 마음으로 바라보기도 했다.

한여름에 살림집을 짓느라 꽃밭을 돌볼 시간적인 여유가 없었던 작년에는 별로 신경 쓰일 만한 일은 없이 그냥 바쁘게 여름이 지나가버렸다. 다만 가을에 봉선화 둥치의 잔해를 치울 때 조금 의아한 점은 있었다. 봉선화의 둥치가 내가 생각하는 것보다도 다소 크다는 점이었다. 사건은 봉선화 씨앗을 꽃밭에 뿌린 지 삼 년 되는 해인 금년에 일어났다.

새싹이 올라올 때는 금년에는 바쁜 일도 없으니 꼭 잘 길러서 옛날을 생각하며 손톱에 봉선화 물을 한 번 들여 봐야지 하는 생각에 꽃밭 전역에 엄청나게 많은 숫자의 새싹이 올라오는 것도 그냥 두었다. 한 뼘 정도 자랄 때까지만 해도 동생네도 나누어 주고 친지들에게도 나누어 줄 요량으로 솎아내지 않고 그냥 두었다. 비가 온 뒤에는 모종심기로 꽃밭 가장자리 둘레에다 옮겨심기까지 했다.

하지만 장마가 지나고 몇 주 동안 일에 바빠서 꽃밭을 들여다볼 겨를이 없었다. 그러다가 더위가 한창 기승을 부리던 8월 중순경 어느 일요일 아침에 느긋한 마음으로 꽃밭을 들여다본 나는 너무 놀라서 입을 다물 수가 없었다. 꽃밭에는 다른 꽃은 보이지 않고 거대한 봉선화가 숲을 이루어 꽃밭 전역을 덮어 버렸다.

봉선화는 동남아가 원산지로 쌍떡잎 식물강, 봉선화과의

60센티 정도 자라는 일년생 초본식물이라고 백과사전에 나와 있다. 하지만 우리 꽃밭의 봉선화는 크기가 나의 어깨까지 올라오는 것을 보니 그 두 배인 120센티가 넘었다. 기형인가 아니면 돌연변이라도 일으킨 것인가? 둥치의 굵기는 나의 팔뚝보다도 더 굵은 놈도 있었으며 핏빛 색깔의 검붉은 마디는 섬뜩할 정도였다.

봉선화의 횡포에 어렵사리 구해 심었던 희귀종 야생화들, 용담, 매발톱, 꿩의다리 등 내가 애지중지하던 자그마한 야생 풀꽃들은 모두 죽어버렸다. 그 뿐만이 아니었다. 봄에 심은 치자나무, 석류나무, 매실나무, 비타민나무 등 작은 관목의 어린 묘목들까지 봉선화의 위세에 더러는 죽고 더러는 겨우 생명만 유지하고 있는 처참한 꼴이 되어 버렸다. 그곳에는 첫사랑을 기다리는 소녀의 애틋함도, 나라 잃은 민족의 처량함도, 이름에서 풍기는 고귀하고 품위 있는 봉선화는 온데 간 데 없고 공생을 모르는 난폭과 탐욕으로 뭉쳐 있는 열대 식물이 무자비한 야욕을 부리고 있었다.

정신을 차리고 자세히 살펴보니 꽃밭뿐만 아니다. 나의 전원주택 근처에 어디에고 봉선화가 자라지 않는 곳이 없었다. 소나무를 심기 위해 따로 만들어 놓은 소나무 동산의 돌 틈에도, 고추 배추농사 지으려고 마련한 텃밭에도, 윗터와의 경계인 석축 사이에도 왕성한 생명력으로 봉선화는 군림하고 있었다.

그 날 이후로 봉선화 제거 작전에 들어갔다. 더 이상 손을 쓰지 않으면 내가 일부러 가꾸어 온 바위솔, 부처손, 해국, 마삭줄, 돌단풍 등 바위 틈새에 자라면서 우리 집 풍취를 한결 한아스럽게 만들어주던 야생화들이 모두 죽을 판이다. 봉선화는 워낙 덩치 큰 놈들이 많아 사람 손으로는 뽑히지 않아 낫과 괭이 등 연장을 동원해야만 제거가 가능하다. 봉선화 제거와 잔해를 치우는 게 하루 종일 일거리였다. 봉선화는 더 이상 첫사랑을 기다리는 풋풋한 이미지도 아니요 이름에서 풍기는 고귀하고 품위 있는 이미지의 대상도 아니다. 다만 우리 집 정원의 야생화들의 적으로 아내와 내가 힘들여 제거해야 할 증오의 대상이 되어 버렸다.

하지만 봉선화의 꽃말들 중에는 '나를 건드리지 마세요.' 뿐만 아니라 '속단은 금물'이라는 뜻이 있다고 했는데 이를 두고 한 말인가? 내가 속단한 것인가? 기막힌 반전이 일어났다. 며칠 전 식물을 잘 아는 지인이 우리 집을 방문했다. 집터 전체에 퍼진 봉선화를 보고는 뱀은 집 정원 안으로 들어오지 않을 것이라고 말하는 것이 아닌가? 뱀이 봉선화의 냄새를 싫어해서 봉선화가 있는 곳에는 뱀이 들어오지 않는다고 한다. 그러고 보니 전원주택에서 흔히 겪는 뱀의 침입을 우리는 아직 겪어보지 못했다. 어떤 사람은 집안까지 들어온 뱀 때문에 아내가 기절한 일도 있다고 말하는 것을 들었다. 봉선화 덕분인지 3년 동안 한 번도 집안에서 뱀을 본 적이 없었다. 봉선화에 대한 불편한 진실도 봉선화의 꽃말처럼 너무 성급한 속단은 아닌지 모르겠다.

상념의 끝자락

아! 얼마 만에 맞는 한가로움인가? 집 앞 데크에 앉아 맑아진 청산을 바라본다. 푸른 잔디밭 위에는 상쾌한 햇볕이 마냥 내려 쌓이고 있다. 살랑대는 실바람만 적막을 키울 뿐 고요함이 바다 속만큼이나 깊게 내려앉았다. 어제 야단스럽게 내리던 그 많은 빗방울들, 저 울창한 녹음 속으로 빨려 들어가듯 떨어지던 그 빗방울들은 지금 어디에 있을까? 장맛비 그치니 모처럼만에 하늘이 해맑게 웃는다. 청명한 하늘 아래 싱그러운 산하가 눈이 부실 정도다. 먼 하늘 가장자리에는 솜사탕 같은 뭉게구름이 뭉실뭉실 피어오른다. 한껏 부풀어 오른 뒷산 녹음이 금방이라도 무너져 내릴 것만 같다.

정원 잔디밭 가장자리에 놓여 있는 커다란 반석 위에 어제 내린 빗물이 조금 고여 있다. 맑은 햇볕이 자그마한 수면에다 반짝반짝 입맞춤을 해댄다. 석장을 경영하는 지인이 준 집들이 선물이다. 새로 지은 집에는 터의 기운을 지그시 눌러주는 무거운 돌이 좋다고 애써 갖다 놓은 커다란 화강암 반석이다. 패여 떨어져 나간 자리가 제법 넓어 빗물이 고여 하늘을 담고 있다.

저 딱딱한 돌이 물을 품을 수 있다는 게 얼마나 신기한 일인가? 아무리 딱딱한 돌도 제 몸이 떨어져 나가는 아픔을 겪게 되면 물을 품을 수 있는가 보다. 그 곳엔 하늘도 잠길 수 있으니 말이다. 그 아픔이 깊을수록 품는 물의 양도 더 많아지리라.

이런 망중한의 시선 속으로 새 한 마리가 날아온다. 몸통이 갈색이고 잿빛 날개에 흰줄이 그어져 있다. 박새의 일종인 곤줄박이임에 분명하다. 5년 전 이 터를 구입할 때부터 우리 주위에서 함께 살아온 낯익은 놈이다. 물론 그때 본 그 녀석은 아니겠지만 생김새로 보아 그 녀석의 후손임에 틀림없다.

소심한 녀석이다. 힐끔거리며 주위를 수차례 경계한다. 불안하게 서성이더니 반석 위의 물을 한두 모금 마신다. 물을 마신 후 곧 떠날 줄 알았는데 다시금 주위를 힐끔힐끔 둘러보며 머뭇거린다. 무언가 할 일이 아직도 남아 있는 듯하다. 하지만 안절부절못한 불안한 모습이다. 이윽고 안심이 되었는지 날개를 퍼덕이며 목욕을 한다. 엎드려 날개에 물을 적시고 일어서 털기를 반복한다.

오래간만에 하는 목욕인가? 쉽게 떠나려고 하지 않는다. 하지만 날개를 털면서도 주위경계를 잠시도 게을리 하지 않는다. 한두 번으로 끝날 줄 알았는데 그게 아니다. 묵은 속때까지 벗겨내려는 듯 꽤 오랫동안 목욕을 한다. 햇볕에 물이 적당히 데워져 목욕물로는 안성맞춤인 모양이다.

물끄러미 바라보는 시선 한쪽으로 무언가 느리게 움직이며 다가오는 것이 있었다. 고개를 돌려 돌아보니 고양이었다. 목욕 삼매에 빠진 곤줄박이를 노리고 접근하고 있는 것이다. 아직 덮칠 만한 사정거리가 아니다. 시선은 새에게 고정하고 아주 천천히 소리 없이 움직인다. 두어 발자국 몰래 내디디고 멈추고 다시 움직인다. 발은 조심스레 움직이나 시선은 새에게로 꽂혀있다. 고양이 눈에서 불꽃이 튈 것만 같다. 새와 고양이의 거리가 차츰 좁혀진다. 이제 내가 조급해진다. 과연 이 상황에서 내가 개입하는 것이 옳은 것인가? 아닌가? 혼란이 온다.

도둑고양이는 컨테이너 창고 바닥과 지면이 만들어내는 좁은 공간에서 살고 있다. 그놈도 역시 나의 전원주택에서 함께 살고 있는 이웃이다. 다만 우리 집 강아지인 '예삐'의 밥을 훔쳐 먹기에 '예삐'와 나에게 미운 털이 박혀있는 놈이긴 하다. 하지만 그도 나름대로 먹이사냥을 해서 살아가야 할 어엿한 이유가 있다. 지난봄 새끼 4마리를 낳아 지금껏 별 탈 없이 잘 키우고 있는 어미고양이가 아닌가? 나는 누구의 편도 들어줄 수가 없는 것이다. 나는 철저한 자연의 일부가 되어야 한다. 저기 놓여 있는 반석이 아니면 그 옆에 서 있는 주목나무와도 같은 자연이 되는 게 옳은 것이다.

아니야, 생명이 얼마나 소중한 것인데 일단 위급한 생명을 살려놓는 게 최우선일 것이다. 아니야, 이 세상이라는 무대 위에서 순간순간 얼마나 많은 사건들이 일어나고 있으며 그 사건으로 얼마나 많은 생명들이 죽어가고 있는가? 이것도 나와 무관한 수많은 사건들 중 하나인 것이다. 곤줄박이가 죽고 살고 하는 것은 내가 관여할 일이 아니다. 살 운명이면 살 것이고 죽을 운이면 죽을 것이다.

아니야, 내가 이 시간과 장소에 그들과 함께 존재한다는 사실 자체가 이 사건과 나는 무관하지가 않다. 이것도 인연이 닿아서 이루어진 것이 아닌가? 무고한 생명을 구하라고 어떤 절대적인 존재가 나를 여기에 있도록 한 것은 아닐까?

아니야, 목격하는 모든 생명사건에 내가 일일이 다 관여할 수는 없지 않는가? 며칠 전에도 풀어 놓은 장닭이 텃밭에서 꿈틀거리는 굼벵이와 지렁이를 잡아먹는 것을 보지 않았던가? 그리고 저 고양이가 쥐를 잡는 것을 여러 번 목격하지 않았던가? 고양이가 쥐를 잡는 것은 당연하고 새를 잡는 것은 막아야하는 잘못된 일인가?

생명이 살고 죽는 것은 어떤 법칙에 의해 운행되는가? 곤줄박이 삶과 죽음 아니 그 무엇이든 죽고 사는 게 그렇게 중요한 일인가? 우주의 본질은 생명의 죽음에 관심이 있을까? 짧은 시간이지만 동서양 철학이 다 동원되고 상념은 끝없이 이어진다.

하지만 불안하고 초조해 하면서도 목욕삼매에 빠져 위험이 다가오는 줄도 모르는 곤줄박이도, 먹이를 잡겠다는 일념하나로 불꽃 튀는 시선을 집중하며 다가가던 고양이도, 철저한 방관자가 될 것인지 생명을 구하는 구세주가 될 것인지 고민하던 나까지 깜짝 놀라 뒤로 넘어지는 일이 터지고 말았다.

그 중차대한 시기에 나의 바지 주머니에 들어있던 휴대폰 벨소리가 갑자기 터진 것이다. 휴대폰 소리에 놀란 곤줄박이는 순식간에 제정신을 차리고 동작을 멈추더니 훌쩍 날아가 버렸다. 팽팽한 긴장의 시선 줄이 갑자기 끊어진 고양이는 뒤늦게 반석 위로 뛰어올라가 보았지만 허탕만 쳤다. 원망스러운 듯 넘어진 나를 한 번 힐끔 쳐다보더니 반석 위의 물을 두어 모금 마신다. 물을 마시고는 이내 마음을 다스렸는지 훌쩍 제 갈 길을 가버린다.

어찌 보면 이 사건에서 가장 많은 피해를 본 것은 의외로 제3자인 나였다. 생명의 위기상황을 자연에게 맡긴 채 빨리 개입하지 않은 죄를 물은 것인가? 편해볼 요량으로 두 발을 데크 난간에 올리고 뒤로 비스듬히 누운 자세로 앉아있던 나는 휴대폰 소리에 놀라 균형을 잃고 뒤로 넘어졌던 것이다. 오른쪽 어깨부터 데크 바닥에 찧었는지 오른쪽 어깨가 아프다. 피식 웃음이 나왔다.

바닥에 누운 채 먼 하늘을 올려다보았다. 살고 죽는 일이 한 조각구름이 일어났다 사라지는 거와 같다고 하더니 먼 하늘의 솜사탕 뭉게구름이 어느새 잔잔한 새털구름으로 변해 있었다. 언제 이곳에서 생명을 담보한 팽팽한 긴장이 있었느냐는 듯이 다시 한낮의 고요가 천연덕스럽게 드리워진다.

역시 곤줄박이는 아직 죽을 운이 아니었고 내 어깨는 아플 운이었던 모양이다.

연꽃바위솔

24년간의 교사생활을 마감하고 교감으로 승진하여 첫 근무지가 울진 죽변중학교이다. 울진은 깨끗한 바다풍경 외에도 깊은 계곡들이 많은 청정지역이다. 다섯 개의 깊은 계곡이 절경을 만들며 동해로 흘러들고 있다. 불영사가 있는 불영계곡, 신라 마지막 왕자인 마의태자가 피신했다는 전설이 있는 왕피천계곡, 덕구온천이 있는 덕구계곡, 금장산에서 발원하여 매화면으로 흘러드는 매화천계곡, 두천리에서 울진읍을 관통해서 흘러가는 두천계곡 이렇게 다섯 개의 아름다운 계곡들이 있다.

현충일에 선생님 두 분과 함께 평소 가보고 싶었던 두천

계곡을 끝까지 답파하고 샛재를 넘어 금강송의 자생지인 소광리로 나오는 코스를 정해서 등산을 하기로 했다. 사람들이 잘 가지 않는 오지이며 코스가 험하고 긴 편이었으나 혹시라도 깊은 산중 바위틈에서 바위솔 종류를 만나지 않을까 하는 기대감으로 그 코스를 택하게 되었다.

바위솔은 바위나 오래된 기와지붕과 같은 척박한 곳에 붙어 자라는 다육이의 일종이다. 그래서 石松, 혹은 瓦松이라고 부르기도 한다. 야생화 농원에서 처음 만날 때부터 나의 책상머리에 둔 점촌 산 오석에 석부하면 좋은 식물이라는 것을 알았다. 그래서 등산을 갈 때나 탐석을 갈 때 계곡 바위틈을 유심히 살폈으나 좀처럼 만날 수 없는 식물이었다.

두천계곡은 다른 계곡보다 규모는 작지만 작은 대로 경치가 절경을 이루고 옥색 맑은 물이 암반 위로 흘러가는 깨끗하고 수려한 계곡이었다. 계곡바위와 절벽들을 유심히 살폈지만 바위솔 종류는 보이지 않는다. 계곡이 끝날 때까지 끝내 바위솔을 찾지 못했다. 오늘도 나하고는 인연이 없는가보다 포기하고 소광리로 가기 위해 샛재를 넘는다.

산마루에 올라섰을 때 휴대폰 소리가 울려서 받아보니 일직 근무하는 처녀 선생님인 김 선생의 다소 상기된 목소리가 들린다. 내용인즉슨 죽변중학교 출신 대학생 청년이 학비를 벌기 위해 아르바이트 하다가 과로로 심장병이 악화되어 죽었다고 한다. 안타까운 부모들이 마지막으로 고향 모교를 방문하여 망혼을 달래는 의식을 치르고 학교 뒤편 바닷가에 유골을 뿌리고 싶어 한다는 것과 부모 이혼으로 고등학교 때부터 학비와 생활비를 손수 벌어야 했던 망자가 학비로 벌어 놓은 돈 삼백만 원을 모교 장학금으로 희사하고 싶어 한다는 것이었다.

그냥 행정실 직원을 불러 장학금을 접수하라고 하면 그뿐이겠으나 유골을 들고 학교를 한 바퀴 돌고 망혼을 달래는 의식도 치른다고 하는데 처녀 선생님으로서는 혼자 감당하기가 어려울 것 같았다. 김 선생도 그런 일을 처음 당하는지라 혼자서는 겁나고 당황스러우니 교감선생님이 빨리 돌아오셔서 그 일행을 맞이하고 장학금도 받아 주십사 하고 간절히 부탁한다. 대구에서 영구차가 지금 출발한다고 하니 울진까지 몇 시간 걸릴 것이니 서두르면 시간을 맞출 것 같았다.

산골 동네 경운기를 빌려 타는 등 우여곡절을 겪고 가까스로 학교로 돌아오니 김 선생은 안도의 숨을 내쉬면서 "교감선생님 정말 고맙습니다."라는 말을 몇 번이고 되풀이한다. 영구차가 30분 정도 지나면 도착할 예정이란다. 땀으로 뒤범벅이 된 몸을 깨끗이 씻고 옷을 갈아입기 위해 서둘러 사택으로 갔다. 더운 물로 샤워를 하니 피로감이 한꺼번에 몰려 온다.

그리고 불현듯 삼 년 전 이처럼 꽃다운 나이에 죽은 아들놈이 생각나서 이 일이 도무지 남의 일 같지가 않다. 그 부모님들은 또 얼마나 가슴이 아프겠으며 얼마나 많은 세월 동안 돌멩이와 같이 삭이지 못하는 한을 가슴에 품고 살아갈 것인가? 가슴이 답답하고 한숨이 절로 나온다.

아들놈은 인물 좋고 마음이 곱다고 주위의 칭찬이 자자하던 놈이었다. 고등학교 2학년에 갑자기 발병하더니 4년 동안의 고생스런 투병생활도, 어미 아비의 정성어린 병간호도 허사로 만들어 버리고 흩날리는 눈발과 함께 하늘나라로 홀연히 가버린 야속한 놈이었다. 22년간 창창했던 한 인간의 인생과 가족의 희망과 사랑이 한꺼번에 허무하게 무너져 내린 그날은 그해의 마지막 날이었지만 나와 내 아내의 고통이 시작된 날이기도 하다.

문상 온 천주교 교우들은 하느님이 하늘나라에서 귀하게 쓰시려고 일찍 데려 갔으니 슬퍼하지 말고 기쁘게 생각하란다. 믿음이 없어서인지 위로가 되질 않고 기쁘기는커녕 왜 나만 이런 슬픔을 당해야 하는지 나의 박복함에 대한 원망으로 더 고통스러웠다.

그리고 자책감이 들었다. 내가 어릴 때부터 이놈을 잘못 키운 것은 아닌가? 식습관을 잘못 들여 그런 몹쓸 병에 걸린 것은 아닌가? 아니면 운동을 제대로 시키지 못해 건강이 나빠진 것은 아닌가? 나의 잘못으로 그놈이 그런 일을 당한 듯 죄책감에 사로잡혀 무척 고통스러운 나날을 보냈다. 삼 년이 지난 지금도 꿈을 꾸고 있는 듯 착각이 들고 어디에선가 그 놈이 환하게 웃으며 나타날 것만 같은데 그 부모들은 오죽하겠는가?

등산복을 정장으로 갈아입고 넥타이까지 점잖은 색깔로 골라 맸다. 그렇게라도 해서 맞이하는 것이 마지막 이 세상을 하직하는 젊은 영혼에게 모교의 교감으로서 내가 할 수 있는 예의인 것 같았다.

마침내 영구차가 교문 앞에 도착했다. 기능직 아저씨가 교문을 열어주자 망자의 친구로 보이는 두 명의 청년들이 영정과 유골함을 차례로 들고 그 뒤에 부모 친지들 네댓 명이 뒤따르며 운동장과 교사 주위를 한 바퀴 돈다. 이윽고 현관에 도착하여 상을 차려 영정과 유골을 모셔놓고 술을 따르고 절을 하며 망자에 대한 마지막 예를 올린다.

그런데 한 가지 이상한 점이 있었다. 망자가 벌어놓은 삼백만 원이 적은 돈이 아닐진대 그 돈을 선뜻 장학금으로 내

놓겠다는 것을 보면 이혼을 했지만 부모 양쪽 모두가 살아가기에는 별 지장이 없는 부유한 삶을 살고 있을 것이라는 나의 예상과는 달리 망자의 아버지는 꾀죄죄한 행색에 술로 중독이 된 듯 초라하기 이를 데가 없고 어머니라는 사람도 병색이 완연하여 얼굴이 창백하고 가난에 찌든 차림새였다.

시간이 오래 지체되어 슬픔과 애통함도 지쳤는지 울음소리도 나지 않는다. 차례로 절을 하고 난 뒤에 고모라는 사람이 그제야 나에게 인사를 한다. 그리고 서둘러 현금 삼백만 원이 든 돈 봉투를 받아 달라고 내민다. 아무래도 이상한 기분이 들기도 하고 아직 의식이 다 끝나지 않은 상태이니 먼저 학교 뒤편 바닷가에 가서 유골을 뿌려 망자의 영혼을 달래주고 난 뒤에 돌아와서 정식적인 절차를 밟아 장학금을 수령하겠다고 설명하면서 돈 봉투를 받지 않았다.

학교 뒤 솔밭 사이로 난 오솔길을 따라 바닷가로 갔다. 죽변중학교는 교사 바로 뒤편 울타리가 소나무 밭이다. 그 소나무 밭을 지나면 자그마한 공동묘지가 바다를 바라보고 위치해 있다. 공동묘지가 끝나는 곳이 절벽이고 그 아래가 바다다. 공동묘지를 지나 절벽 길을 따라 바닷가로 내려갔다. 절벽 아래에는 야간 침투 간첩을 막기 위한 철책이 쳐져 있어 철책 중앙에 난 문을 통해 바닷가로 들어갔다. 바닷가는 모래사장과 바위들이 적절히 안배되어 아름다운 풍경을 이루고 있었다. 크고 작은 바위들이 모래사장에 뿌리를 내리고 서서 거친 해풍과 파도를 온몸으로 막아내고 있었다.

바다는 푸른 몸을 검은 바위에 부딪치며 무엇 때문에 화가 났는지 하얀 이빨을 드러내며 사납게 소리치고 있었다. 많은 바위들이 여러 가지 형상들을 하고 있었지만 바위 하나가 우뚝 서 있어 가장 눈에 띄었다. 사람의 몸통처럼 생긴 입석 위에 머리 부분이 절묘하게 붙어 있는 형상이다. 죽변 사람들은 그 바위를 사람바위라 부른다고 김 선생이 귀띔을 해준다.

사람바위는 성난 파도와 해풍을 한몸으로 받아내며 해변의 파수꾼처럼 그 바닷가를 묵묵히 지키고 있었다. 그 모습이 마치 세파에도 흔들리지 않고 영원을 바라보며 구도의 길을 가고 있는 어떤 구도자의 성스러운 모습을 느끼게 했다. 망자의 유골을 굳이 이곳에 뿌리려고 하는지 그 이유를 알 것 같았다.

"훠이 훠이 잘 가거라. 저생에서는 부모 잘 만나서 이생처럼 고생스럽게 살지 말고 하고 싶은 공부도 많이 하고 훌륭한 사람으로 잘 살거라." 고모의 한 서린 넋두리와 함께 밀가루 같은 유골가루는 연기처럼 바람에 날려 사람바위 주위로 사라진다. 살고 죽는 게 무엇인지, 그렇게 창창하던 젊은 생명이 한줌 가루로 허공에 흩어지다니 이토록 허무하단 말인가? 이게 끝인가?

아닐 거야. 우리가 알 수는 없지만 사람모습은 사라져도 무언가 사라지지 않는 게 있어 또 다른 생명으로 다시 이어갈 거야. 미물인 곤충이 하나 죽어도 그곳에서 온갖 잡풀들이 솟아나지 않는가? 우리가 다만 모르고 있을 뿐이지 사라지는 것이 아니라 영원히 진행되는 생명의 역사에 어떤 형태로든지 다시 동참할 거야. 아니 그런 염원을 담아 나도 한 줌의 유골가루를 바람에 날려 보냈다.

교무실로 돌아와서 장학금에 대한 처리를 놓고 상의하면서 고모라는 사람이 남동생의 신세가 안타까운 듯이 넋두리를 다시 이어간다. "자식이 많기라도 하나, 자식이라고는 마치 이놈 하난데 하나밖에 없는 피붙이를 돌보지 못한 죄를 어찌할 것인고? 죽어서 조상은 또 어떻게 볼라 하는고?"

부모들은 판사 앞에 끌려온 죄인들인 양 아무 말 없이 허공만 바라보고 있었다. 하지만 망자의 부모들에 대한 분노로 가득 찬 고모라는 사람이 모교에 장학금으로 기부하자는 주장을 했다.

망자의 어머니 되는 사람은 바람을 피워 가정을 파괴한

원인을 먼저 제공했으니 이 돈 받을 자격이 아예 없고 아버지는 자식을 생각해서라도 돌아온 아내를 용서하고 가정을 깨지 말아야 함에도 불구하고 자기만의 생활과 이기심으로 자식까지 내팽개쳤으니 그 또한 그 돈을 받을 자격이 없는 사람이라고 한다. 자기도 역시 망자를 가까이에 데리고 있어 어려운 생활을 잘 알고 있었으나 안쓰런 마음만 있었지 변변한 도움도 주지 못했기에 그 돈을 받을 자격이 없고 또 받을 생각도 없다는 것이었다.

망자가 중학교 시절을 무척 그리워했다는 이야기를 들려주면서 그 돈이 망자가 땀 흘려 번 학비라는 것을 강조하며 모교에 장학금으로 내놓아 가난한 학생들의 학비로 사용되어지는 것이 가장 바람직한 일이 아니겠느냐는 주장을 했다.

하지만 가난에 몹시 시달리고 있는 듯한 초라한 부모들의 행색을 보고서는 도저히 그 장학금을 받을 수가 없었다. 가난한 모교 후배들을 도와주는 것도 좋은 일이지만 지금 투병중인 어머님의 약값으로 이 돈이 사용되어지는 것이 망자가 진정으로 바라는 일이 아니겠느냐는 장시간의 설득 끝에 부모들에게 그 돈을 돌려줄 수 있었다.

여름방학이 끝나고 2학기 개학일이다. 며칠간 무척 덥더니만 다행히도 개학날엔 아침부터 비가 추적추적 내린다. 덥지 않아 다행이었으나 비가 오면 늘상 그렇듯이 눅눅한 습기와 함께 알 수 없는 슬픔이 가슴에 스민다. 삼 개월 전 학교를 한 바퀴 돌고 뒤편 바닷가에서 물결 따라 저승으로 떠났던 그 젊은이와 삼 년 전 죽은 아들놈 생각에 나도 모르게 학교 뒤편 절벽 위에 올라서서 거센 해풍을 맞으며 바다를 바라본다.

실비 내리는 바다는 잿빛 하늘이 바다 위까지 내려와 어디까지가 바다고 어디까지가 하늘인지 분간할 수가 없다. 거센 바람은 검은 물결 위에 흰 물꽃을 피우고 성난 파도는 바위기슭에 부딪치며 흰 물보라를 높이 튕긴다. 그 정경이 마치 바다가 육지를 보고 삿대질하는 것 같았다. 바다는 무엇이 그토록 억울한지 온몸으로 부딪치며 절규하고 있었다.

마음이 울적할 때면 곧잘 바다를 바라보곤 한다. 바다는 인간의 힘으로는 어찌할 수 없는 자연의 위대한 힘을 직접 느낄 수 있는 곳이라서 그런지 바다 앞에 서면 누구나 존재에 대한 근원적인 생각을 품게 된다. 존재에서 오는 삶과 죽음에 대한 근원적인 생각을 하면 혼자만의 이기적인 슬픔은 그런 생각만으로도 다소 위안을 받는 것 같다.

문득 전에 보았던 절벽 밑 바닷가가 궁금했다. 꽃다운 청춘의 유골이 한 줌 재로 흩뿌려진 현장과 거센 파도에도 군

건히 버티며 서 있던 사람바위를 다시 보고 싶었다. 아래로 내려가 보니 바닷가로 나가는 철책 문이 굳게 잠겨 있다. 하는 수없이 철책을 따라 으르렁거리는 파도를 옆에 두고 걸었다.

삶과 죽음 특히 꽃다운 청춘의 죽음 그리고 운명에 대한 풀리지 않는 서글픈 생각에 젖어 얼마를 걸었을까? 걷다 말고 고개를 들어 무심코 바위절벽을 올려다보았다. 아니 이게 무엇인가? 내가 그토록 찾아 헤맸던 바위솔이 바위 절벽 위에 붙어 있지 않는가? 풀리지 않는 그 서글픈 생각에 대한 해답을 제시하는 것인가? 꿈을 꾸고 있는 것인가? 눈을 부비고 다시금 쳐다보았다. 분명 바위솔 종류이며 생긴 모양이 연꽃처럼 생겼으니 야생화 도감에서 본 연꽃바위솔이 분명했다. 그렇게 찾으려고 먼 계곡을 뒤지고 다녀도 눈에 보이지 않더니만 어찌해서 여기에 이렇게 만날 수 있단 말인가? 두근거리는 가슴을 진정시키고 두세 길 높이의 절벽을 기어올라 가보니 분명 바위솔이었다.

연꽃처럼 생긴 바위솔이 흙이라고는 거의 없는 바위 위에 여기저기 넓게 퍼져 있는 것이 아닌가? 마치 누군가가 씨를 흩뿌려 놓은 것 같았다. 이상한 느낌이 들었다. 금년 봄에 아들놈 유골가루를 뿌렸던 천주교 공동묘지를 찾았을 때가 생각난다. 그렇게 성당엘 열심히 다녔고 신부가 되겠다고 해서 내 마음을 힘들게 했던 아들놈이라 천주교 공원묘지 산마루에다 유골을 뿌렸었다. 화장한 지 얼마 되지 않아 아들놈의 체온처럼 아직 따뜻함이 남아 있는 유골가루를 가슴에 안고 한 줌 한 줌 눈물과 함께 날려 보냈던 것이 바로 엊그제 같은데 벌써 삼 년이 지났다. 그놈 보고 싶을 때면 몇 차례 그곳을 찾아가 울적한 마음을 달래곤 했었는데 올봄에 찾았을 때는 여태 보지 못했던 하얀 제비꽃이 유골가루를 뿌린 곳에 무더기로 피지 않았던가? 보라색 제비꽃을 흔하게 보아온 나의 눈엔 유골가루 색과 같은 그 하얀 제비꽃이 무척 신기했고, 어떤 특별한 의미를 느끼지 않을 수 없었다.

작년까지도 보지 못했던 꽃이라 그런 느낌이 더했다. 지성이면 감천이라 아들놈 보고 싶은 나의 마음을 달래주려고 누군가가 그렇게 피운 것인지 아니면 죽은 아들놈이 흰 제비꽃으로 환생한 것인지 알 수 없었으나 아들놈과 그 하얀 제비꽃이 분명 어떤 연관성이 있다는 느낌이 들었다. 그래서 다소의 위로를 받아 한결 가벼워진 마음으로 돌아올 수 있었고 그 이후로는 그곳을 찾지 않았지만 하얀 제비꽃만 생각해도 마음의 위로가 되었다. 이 연꽃바위솔도 분명 그 청년과 어떤 관련이 있다는 생각이 들었다. 아니 그렇게 믿고 싶었다.

연꽃바위솔 두 포기를 캐서 병아리 안듯이 조심스럽게 품에 안고 돌아와 교무실 책상 위의 점촌 산 오석에 심었다. 햇볕을 좋아하는 자생지의 습성을 감안하여 창가로 돌을 옮기고 바닷가 습기를 생각하여 가끔씩 분무기로 공중에 물을 뿌렸다. 한 달 반쯤 지나니 연꽃 같은 잎 중앙이 부풀어 오르더니만 꽃대가 되어 한 20센티 정도 기린 목처럼 길게 올라간다.

숨이 턱턱 막히던 태양의 열기가 깻단 터는 할머니의 등이 따끔거릴 정도로 약해지던 가을 어느 날 탑처럼 생긴 꽃대가 눈부신 하얀 꽃으로 뒤덮여 피어난다. 이 세상에서 활짝 피어보지 못하고 죽은 청년의 한을 담았는지 탑처럼 생긴 꽃대 주위로 촘촘히 박힌 수십 개의 자그마한 흰 꽃들이 활짝 피어난다. 지나가는 나비와 벌도 찾아오고 보는 사람들마다 척박한 돌 위에서 꽃을 피웠다고 탄성을 자아낸다.

그렇게 가을이 깊어가고 연꽃바위솔은 유골가루 색깔과 같은 자그마한 흰 꽃들을 활짝 피우고 마침내 사그라졌다. 이듬해 봄 그 연꽃바위솔이 사그라진 자리 옆에서 빨간 좁쌀알만 한 바위솔 싹이 맺힐 때쯤 낯이 익은 듯한 한 남자가 교무실로 찾아와 인사를 한다. 알고 보니 지난해 6월에 죽었던 그 청년의 아버지 되는 사람이었다. 여기까지 왔다 가면서 교감선생님에게 인사라도 드리고 가는 것이 도리일 것 같은 생각에 학교에 들어왔단다.

무슨 일로 죽변까지 오게 되었는지 물었다. 아들이 죽고 교무실에서 교감선생님으로부터 아들이 모아놓은 돈 삼백만 원을 받게 되었을 때 아들을 잃은 슬픔도 슬픔이려니와 너무 염치가 없었고 죄책감에 몸 둘 바를 모를 정도로 부끄러웠다고 한다. 그리고 느낀 게 있어 신변을 정리하고 혼자 병들어 살고 있었던 청년의 어머니와 재결합을 해서 10개월간 속죄하는 심정으로 지극 정성으로 병간호를 했단다. 하지만 청년의 어머니는 워낙 병이 깊어 정성어린 남편의 병간호도 보람 없이 끝내 유명을 달리해서 오늘 학교 뒤 공동묘지에 묻고 돌아가는 길이란다. 죽은 아들한테는 면목 없는 생활을 살았지만 나중에 다시 만날 수 있는 염치라도 갖추기 위해 전처와 재결합하여 병상을 지켰다고 한다.

잠시 할 말을 찾을 수 없었다. 한참이 지난 후 돌아서려는 그 사람에게 물었다. “어머니도 화장해서 사람바위 근처에 뿌리지 않고 왜 묻었습니까?” “아들 만나볼 염치가 없다고 처음에는 아예 바다가 보이지 않는 곳에다 묻어 달라고 하데요. 그러더니 죽기 사흘 전에 눈물을 흘리면서 멀리서 가끔은 바라다볼 수 있도록 사람바위가 잘 보이는 절벽 위 공동묘지에 묻어 달라.”고 했단다.

아! 태어나고 죽는 일에 누구의 탓이 있을 수 있단 말인가? 태어나고 죽는 것이 한조각 구름이 생겼다가 사라지는 것과 같다고 했는데 바위솔처럼 가을이 되면 시들어 사그라지고 새 봄이 되면 다시 태어나듯이 자연스러운 것이 태어남과 죽음이 아니던가? 그냥 자연의 스스럼없는 몸짓인 것을 그렇게 애통해할 필요도 없고 누구의 죽음에 자책할 필요도 없는 것이지만 꽃다운 젊음이 채 피어보지 못하고 죽는 것은 너무나 안타깝다. 그래서 꽃다운 청춘이 죽으면 땅 위 어디에선가 들꽃 하나가 탐스럽게 피어나는지도 모를 일이다.

노을은 애석하게 죽은 자의 정한이 타는 것이라 했던가? 운동장을 휘적휘적 걸어가는 그 남자 어깨 위로 지는 노을이 오늘따라 유달리 붉다.

찔레꽃 단상

요즈음 산과 들에서 가장 눈에 많이 띄는 꽃이 찔레꽃이다. 논두렁, 밭둑, 야산 언덕에 가을 밤하늘 은하수 별들처럼 무리지어 피어 있다. 눈길을 오래 잡아둘 정도로 야단스럽지도 않지만 무시하고 그냥 지나치기도 힘든 꽃이다.

찔레꽃은 마을 가까이에서 민초들의 온갖 애환들을 바라보면서 피어나는 서민적인 꽃이라서 그런지 우리 민족과 많이 닮은 꽃이라는 생각이 든다. 색깔부터가 우리 민족이 즐겨 입었던 백의의 색깔이다. 백색에도 순백색은 대단히 고급스러운 색깔로 함부로 넘볼 수 없는 고귀함이 깃들어 있는데 찔레꽃은 그런 고귀함을 풍기는 순백색의 꽃은 아니다. 찔레꽃이 풍기는 색깔의 이미지는 꽃 중앙의 노란 꽃수술 때문인지 멀리서 보면 흙물이 덜 빠져 누런 기미가 남아 있는 흰색처럼 보인다.

합성섬유가 개발되기 전에 우리 어머니들은 누런 광목을 물에 헹구고 햇볕에 널어 말리기를 여러 번 반복하여 누런 기미를 탈색시킨 뒤에 옷을 해 입었다. 그 옷 색깔은 순백색이 아니고 누리끼리한 잡색들이 다 바래지지 않고 남아 있는 그런 흰색이었다. 찔레꽃은 우리 백성들이 즐겨 입었던 옷 색깔 즉 알록달록 야단스럽지도 않았고 더더구나 순백색의 고귀한 위엄도 없는 입기 편하고 바라보기 편한 백의의 색깔과 닮았다.

찔레꽃의 습성도 우리 민족의 습성을 닮은 것 같다. 아무리 여러 번 베어내도 뿌리만 붙어 있으면 끈질기게 되살아난다. 그 끈질긴 생명력은 온갖 외침과 어려움 속에서도 오천년 역사를 지켜온 우리 민족의 끈질김과 닮아 있다.

오천년 역사 속에서도 우리 민족의 명운이 가장 위험스러웠던 고려시대의 몽고 침입과 찔레꽃 전설이 관련이 있는 것을 보면 찔레꽃이 풍기는 그 끈기와 한스러움이 우리 민족의 끈기와 한스러움과 무관하지 않다는 생각이 든다. 원나라에 처녀 공출로 끌려간 찔레가 우여곡절 끝에 십년 만에 고향에 돌아와 아버지와 동생을 찾아 산천을 헤매다가 끝내 찾지 못하고 하얀 눈 위에서 죽었는데 그 죽은 찔레의 무덤에서 피는 꽃이 찔레꽃이 되었다는 게 찔레꽃의 전설이다.

꽃 색깔은 눈을 닮아 흰색이고 애타게 가족을 찾아 부르던 그 목소리는 은은한 향기가 되었으며 가족을 사랑하던 그 마음은 빨간 열매가 되었단다. 이처럼 가족을 중시하고 가족간의 끈끈한 정이 강한 것이 우리 민족의 특성 중의 하나인데 그 점에도 찔레꽃과 닮았다.

어린 시절 보릿고개를 겪어본 사람들은 누구나 기억할 것이다. 보리가 누렇게 익어갈 때쯤이면 어느 집이나 가을 양식은 거덜난 지 오래고 아직 여름양식인 보리는 생산되지 않아 늘 배고프던 시절이다. 그 배고프던 시절 집 주위에 돋아나는 찔레의 여린 햇순은 어린이들에게 무언가 씹을 수 있는 것을 제공하던 훌륭한 간식거리 중의 하나였다. 햇순을 따서 껍질을 벗겨 씹으면 서근서근하면서도 떫고 달짝지근한 맛이 입안에 돈다. 그 맛을 아직도 나는 기억하고 있다.

찔레의 햇순을 꺾을 때는 굵은 놈일수록 맛도 좋고 먹을 게 많아 항상 굵은 놈을 찾지만 그 덤불에서 가장 굵은 우듬순은 항상 묵은 덩굴의 가시줄기가 보호하고 있는 중앙에 자리하고 있어 손이 닿지 않았다. 이렇듯 가족을 보호하는 습성이 우리 민족과 닮아있는 것이다.

오늘 아침 집사람이 아랫마을 어느 집 담장에서 꺾었다며 빨간 장미꽃 한 송이를 들고 왔다. 아! 그래, 지금이 장미의 계절이기도 하지. 야생장미인 찔레꽃이 지금 한창이니 장미도 한창이겠지. 빨간 장미꽃을 손에 들고 한참을 들여다본다. 색깔이 화려하고 꽃잎이 여러 겹으로 피어 모양이 단순하지 않아 요샛말로 빈티가 나지 않고 무언가 있어 보인다. 참으로 아름다운 색깔과 모양새이다. 하지만 아침 출근길에 보았던 찔레꽃의 단순함과 수수함에 더 마음이 끌리는 것을 속일 수 없다.

꽃을 좋아하는 기호도 나이에 따라 변하는 모양이다. 젊은 시절에는 꽃이라면 으레 장미와 백합을 연상하고 태양이 눈부시게 부서지는 담장 위에 붉게 피어 있던 장미의 그 화려함과 누구도 쉽게 넘볼 수 없는 고귀함을 지닌 백합의 그 도도함을 좋아했었다. 그러나 나이 들어가면서 어느 틈엔가 그러한 화려함과 도도함은 마음속에 부담감으로 느껴지고 바라보기 편하고 마음에 담담한 휴식을 주는 수수한 색깔의 꽃을 더 좋아하게 되었다.

모양에서도 그렇다. 젊은 시절에는 홑꽃잎 꽃보다 겹꽃잎 꽃들을 좋아했었다. 동백꽃도 겹동백을, 벚꽃도 겹벚꽃을 좋아했고 울 밑에 선 봉숭아도 홑꽃잎이 아닌 겹봉숭아를 더 좋아했다. 홑잎은 어딘가 모자란 듯하고 겹잎은 복잡하고 풍성한 느낌으로 마음을 가득히 채워주는 무엇인가가 있는 것 같아 좋았다. 하지만 언제부터인가 이런 겹꽃잎보다는 단순한 홑꽃잎의 꽃이 더 마음에 끌리는 것이다. 겹꽃잎 꽃은 어딘지 모르게 투박하여 미련스럽고 대개가 개량종이어서 인공의 조작이 들어있는 것 같아 날렵하고도 홀가분한 홑꽃잎 꽃보다 그다지 마음에 와 닿지 않는다.

야단스러운 색깔로 피어나는 개량종 겹매화를 이른 봄 영하의 날씨에도 하늘하늘 여린 꽃잎으로 한기를 희롱하는 재래종 청매화에 어찌 비교하리오.

이러한 수수한 색깔에 단순한 모양을 가진 꽃들이 우리 산야에 수없이 많이 존재한다. 너무 가까이에 있어 관심 있게 바라보지 않아서 그 아름다움을 모른다. 흔하게 보아온 꽃들이지만 애정을 갖고 좀 더 가까이 다가가서 바라보면 나름대로의 아름다움이 가슴에 와 닿고 그 소박한 아름다움에 우리는 많은 위안을 받는다.

서늘한 산그늘 풀섶에 아침이슬 머금고 함초롬히 무리지어 피어있는 찔레꽃의 싱그러움이 한낮의 더위와 메마름을 보상해주고도 남는 그런 계절이 온 것 같다. 하지만 봄부터 이어져온 차분하고도 다소곳한 꽃구경은 이 찔레꽃으로 마지막이 아닌가 한다. 이제 곧 정열적인 여름이 요란하게 시작될 것이고 태양이 작열하는 하늘에 배롱나무와 자귀나무들이 폭죽을 터뜨리듯 뜨거운 열꽃 덩어리들을 불사르겠지.

또 그만큼 태양은 더 기승을 부릴 테지만.

호랑지빠귀 새

전원에서의 생활은 불편한 점이 한두 가지가 아니다. 그래도 내가 전원생활을 고집하는 이유는 그런 불편함을 감내하기에 충분히 좋은 점들이 많이 있기 때문이다. 그 중 하나가 새소리와 함께 아침을 맞이한다는 것일 게다. 새들의 합창을 들으며 명상과 산책으로 하루를 시작한다는 것은 전원생활에서만 누릴 수 있는 행복일 것이다.

새들도 어둠이 불편하고 무서운 모양이다. 희뿌연 여명이 시작되는 새벽이 오면 새들은 기다렸다는 듯이 한꺼번에 울음을 터뜨린다. 새벽은 하루 중 새들의 울음을 가장 왕성하게 들을 수 있는 시간이다. 특히 여름의 새벽은 우리 집 전체를 새들의 합창 공연장으로 만들어 버린다.

재수가 좋은 날은 새들의 조화로운 아카펠라 합창도 들을 수 있다. 그것도 베이스, 테너, 알토, 소프라노 4성체를 고르게 갖춘 화성 합창을 감상할 수 있다. 베이스는 산비둘기이다. 산비둘기가 저음으로 "구구구" 기본음을 깔면 소프라노 휘파람새가 고음으로 "호-로-로옥" 운다. 알토는 꾀꼬리와 뻐꾸기이다. 꾀꼬리와 뻐꾸기는 처음에는 주연을 다툰다. 그러다가 이내 합의를 했는지 역할을 나누어 갖는다. 꾀꼬리는 낮고 가까운 나무 위에서 울고 뻐꾸기는 멀리 날아가서 화음을 맞추는 은은한 배경음이 된다. 올해는 주연을 경쟁하는 신인 가수가 또 하나 등장했다. 울음소리가 마치 '홀딱벗고, 홀딱벗고'라고 우는 것 같다고 '홀딱벗고 새'라고도 불리는 같은 뻐꾸기 과의 '검은 등 뻐꾸기'이다. 예년에는 들을 수 없더니 올해에는 유별나게 운다. 테너는 우리 집 장닭이다. 간헐적으로 우렁차게 울어 화음의 끝을 맞춘다.

살림집을 짓기 전 주말농장으로 이곳을 드나들 때 조그마한 황토방을 먼저 지었다. 불편하여 주말마다 지내야 할 거처를 마련해야 했다. 이왕 짓는 바에는 나중에 별채로 쓸 수 있는 친환경적인 황토방을 마련하고 싶었다. 그래서 비싼 수업료도 내고 7박 8일간 힘든 노동일을 하면서 흙집학교를 다냈다. 물론 난방은 몸에 좋다는 구들 온돌방으로 만들었다. 겨울에는 불을 뜨끈뜨끈하게 지피고 절절 끓는 방바닥에 등판을 지지면 온몸의 피로가 싹 가신다.

이런 재미로 본채 짓기 전 두 해 동안 황토방에서 겨울을 지냈다. 황토방에서 자는 일이 몸에는 좋았지만 밤에 자다가 용변 볼 일이 있으면 화장실에 가기 위해서 밖으로 나가야 하는 불편한 점이 있었다.

이제 막 긴 겨울잠에서 깨어나려는 대지의 미미한 움직임이 느껴질 때인 이른 봄 어느 날이었다. 한번은 새벽 3시쯤 화장실을 가기 위해 밖으로 나와 싸늘한 공기에 몸을 움츠리며 화장실로 향하는데 어디선가 한 가닥 맑은소리가 들리는 게 아닌가? "히-이, 호-오" 슬픈 듯 가느다랗고 맑은 소리로 마치 피리를 처음 배우는 사람이 한 가닥 피리소리를 훅 부는 것처럼, 공기가 어떤 좁은 관을 통과하며 나오는 소리 같았다. 잠결에 처마끝 풍경 소리이려니 하고 용변을 다보고 방안으로 들어가려는데 또 한 번 "히-이" 하고 들리는 것이 아닌가? 아무래도 풍경 소리와는 다른 것 같기도 하고 한 점의 바람 기운도 느낄 수 없어 이상한 느낌이 들었다. 처마끝 풍경을 올려다보았다. 하지만 풍경은 꿈쩍도 하지 않았다. 알고 보니 그 이상한 소리는 새소리였다. 처음 들어보는 소리였기에 그때는 그것이 새소리인지도 정확하게 몰랐고 막연한 무서움이 들어 황급히 방안으로 들어온 일이 있었다.

그 후 우연히 KBS2 TV 의 '세상에 이런 일이'라는 프로그램을 보다가 그 소리를 들었다. 해가 지면 괴상한 귀신 소리가 난다는 제보의 소리가 내가 들었던 바로 그 소리가 아닌가? 정체가 무엇인지 알기 위해 흥미진진하게 끝까지 지켜보았다. 출동한 전문가들이 그 소리를 녹음하고 판별한 결과 그 이상한 소리는 귀신 소리가 아니고 새소리이고 그 새의 이름은 '호랑지빠귀 새'라고 한다. 꼭 어두운 밤에만 숲속에서 음침하게 울기에 '귀신 새'라는 닉네임이 붙어 있다는 사실도 알았다.

그 소리의 실체를 알고 난 후로는 무서움이 들기는커녕 그 새가 더없이 친밀감이 느껴져 기다리게 되었다. 겨울이 끝나갈 때 쯤, 마음속에는 이미 봄이 와 있는데 쌀쌀하기만 하는 날씨가 마음을 지치게 할 때가 있다. 그럴 때면 그 새가 언제쯤 울 것인가를 우리는 기다리게 되었다. '호랑지빠귀 새'가 슬픈 듯 울면 봄이 시작되고 그 울음소리가 더 이상 들리지 않으면 무더운 여름이 시작된다는 신호이기 때문이다. 봄이 짧듯이 잠깐 울다가 이내 사라져 버리는 '호랑지빠귀 새'는 그 울음만큼이나 특이한 새이다. 아내와 나는 그 새의 울음소리를 기다리며 지친 마음을 달래고 꽃샘추위를 잘 견디어 온 지도 모른다.

오늘 아침에도 어김없이 새들의 합창으로 잠에서 깨어났다. 새들의 울음소리에 귀 기울이며 조용히 아침 명상에 잠긴다. 그런데 이상한 게 하나 있었다. 급박하게 주고받는 '홀딱벗고 새'의 울음들 사이로 슬픔에 젖은 듯한 '호랑지빠귀 새'의 울음소리가 희미하게 들리는 게 아닌가? 처음에는 내 귀를 의심했다. 새침한 진달래가 피어나는 싸늘한 이른 봄에 잠깐 들을 수 있는 새소리인데 이글거리는 태양을 흠모하는 자귀나무 열꽃이 피어나는 유월 하순에 들리니 말이다. 하지만 '홀딱벗고 새'의 급박한 울음이 잦아들고 야단스럽던 뻐꾸기 울음소리도 산 너머 멀리 사라졌을 때 나는 분명하게 들었다. 짝을 만나 이곳을 벌써 떠났어야 할 '호랑지빠귀 새'가 "히–이, 호–이" 하고 슬프게 울고 있는 게 아닌가?

새들은 울음소리로 짝을 찾는다고 한다. 서로 주고받는 울음소리에는 그들의 건강 상태와 성격, 기호까지 상품의 바코드처럼 박혀 있다고 한다. 그래서 새들은 자기에게 맞는 짝을 찾기 위해서 열심히 울어야 한다고 했는데 저 새도 아직 짝을 만나지 못한 게 분명하다.

본격적인 여름이 시작되는 유월 하순인데도 아직 짝을 찾지 못해서 저렇게 슬피 우는 '호랑지빠귀 새'의 울음소리를 들으니 엊그제 안부 전화를 걸어온 제자가 생각난다. 마흔이 다 되가는 여고 제자이다. 3학년 때 내가 담임을 했었다. 3월에 담임을 맡고 가장 기대를 많이 했던 학생이었다. 2학년 모의고사 성적이 전교 1,2위를 다투는 우수한 학생이었다. 3학년 시기만 잘 보내면 국내 최고 명문대학 입학을 확신할 수 있는 성적이었다. 하지만 3월 모의고사 성적이 10위권 밖으로 떨어지더니 4월 모의고사 성적은 100위권 밖으로 너무 많이 떨어진 것이다. 모의고사 성적 발표 다음날 개인 상담을 예정했는데 그녀는 결석했었다. 이틀 후에 그녀의 어머니가 결석계를 들고 오셨는데 많이 아프다고 했다. 하지만 그녀는 몸이 아픈 것이 아니고 사랑의 열병을 앓고 있었던 것이었다. 4일간 결석을 하고 그녀가 다시 학교에 출석했다. 가출한 지 사흘 만에 시내 모 고등학교 3학년 남학생의 자취방에서 어렵사리 찾아내어 집으로 데리고 왔단다.

며칠 지난 뒤 개인 상담을 했다. 2학년 연말 교회에서 남학생을 만났고 겨울방학 때 도서관 등지에서 자주 만나 사랑을 키운 것 같았다. 그 남학생이 너무 좋다고 눈물을 글썽이며 말하던 그녀에게 그 사람은 졸업 후에 만날 수도 있으며 떳떳하게 사랑을 인정받기 위해서는 고등학교 3학년 시절을 더 열심히 노력해서 보란 듯이 대학에 입학해야 한다고 설득했다.

그 후로 별 탈없이 학교를 잘 다녔고 성적은 전처럼 최상위까지는 올라가지 않았으나 그런대로 열심히 공부하여 최고 명문 대학은 아니나 서울에 있는 사립 대학에 무난히 합격했었다. 대학을 졸업하고 어려운 자격시험에 합격하여 전문직업인으로 사회생활을 잘하고 있다는 소문을 들어 그녀의 근황은 알고 있었다.

"선생님 저 ○○에요. 절 기억하시겠습니까? 스승의 날에 전화 못 드려서 이렇게 안부 전화 드립니다." "오! 그래 오래간만이구나, 왜 너를 기억 못해." "죄송해요. 자주 전화 못 드려서." "그래, 잘 지내고 있느냐? 결혼은 했고?" "아니예요, 저 아직 혼자입니다." 가슴에 싸한 기운이 지나간다. 하지 말아야 할 물음을 나도 모르게 하고야 말았다. "그때 그 남학생은 어떻게 됐노?" 잠시 쉬더니 아무렇지도 않은 듯 대답이 들려온다. "그 남학생은 벌써 결혼했어요. 벌써 애가 둘인데요." 가슴이 철렁 내려앉는 것 같다. "그래, 너는?" "철없을 때 애긴데요, 저는 괜찮습니다." "그래, 결혼은?" "좋은 사람 만나면 결혼해야죠. 그런데 잘 나타나지 않네요. 안 되면 혼자 살지요. 뭐."

이어지는 대화에 결혼을 할 것 같으면 그때 고등학교 졸업하고 바로 했어야 했다는 것과 지금은 남자를 사귀어도 그때와 같은 가슴 아린 애틋한 감정이 생기지 않는단다. 그래서 결혼을 꼭 해야겠다는 열정도 없다는 것이다. 살다가 편하고 재미있는 남자가 생기면 결혼도 한번 고려해 본단다.

가슴이 답답하다. 결혼이란 절절한 사랑이 맺어지는 결실인가, 아니면 더 나은 삶을 위한 계약인가? 어떻게 사는 것이 진실된 삶일까? 정답은 그녀가 알 수 없듯이 나도 모르고 아무도 모른다. 삶에 대한 물음에는 정답이 없다는 것을 다시 한번 깨닫는다. '홀딱벗고 새'는 짝을 만나 밀월여행을 떠난 것인지 급박하게 주고받던 울음소리가 더 이상 들리지 않는다. 슬픈 '호랑지빠귀 새' 소리만 "히-이 호-이" 끊어질 듯하다가 다시 이어지면서 푸른 골짜기를 하염없이 맴돈다.

가을

단풍은 바람을 기다린다

땡삐

떠나가는 계절

맑음에 대하여

이슬의 계절

제4의 영혼

흐릿함의 미학

단풍은 바람을 기다린다

단풍도 절정이 지난 것 같다. 올해는 예년에 비해 단풍이 잘 들었다고 했다. 비바람도 뜸해서 단풍을 즐기는 사람들이 인산인해를 이루고 주말에는 고속도로마다 교통체증으로 몸살을 겪었다. 무어가 그리 바빴는지 단풍 구경 나들이 한 번 못하고 가을을 지나야 할 것 같다. 하지만 집 주위 야산의 단풍도 그런대로 감상할 만하다. 요 며칠 동안 날씨가 아주 맑은 덕분에 노을 낀 하늘과 흐드러진 단풍을 함께 즐기며 퇴근하는 호사를 누렸다. 노을과 단풍은 색조도 비슷하지만 주는 느낌도 매우 잘 어울린다.

"물 잘든 단풍은 봄꽃보다 더 아름답다."라는 말을 올해도 자주 들은 것 같다. 이는 단풍의 아름다움이 봄꽃의 아름다움을 능가할 수 없다는 심리적 기저를 깔고 하는 말은 아닐까? 주로 봄꽃 같은 청춘을 아쉬워하는 노인네들이 하는 말일 것이다. 노년의 아름다움을 봄꽃에 비유하며 마음에 위안을 삼으려는 심리가 깔려 있는 것은 아닌지. 그렇게 말한다고 자기의 늙음이 봄꽃 같은 청춘으로 변하지 않을 것인데도 말이다. 청춘을 아쉬워하지 않고 노년을 아름답게 살아가는 당당한 노인들은 이렇게 말하지 않을까? "물 잘든 단풍이 노을처럼 아름답다."라고 말이다.

꽃의 아름다움과 단풍의 아름다움은 함께 비유하기가 좀 어색한 느낌이다. 사물의 겉모습만 보고 단순 비교하는 것은 깊은 사유를 막는 성급한 표현이 아닐까? 봄꽃은 봄꽃대로의 아름다움이 있고 단풍은 단풍으로서의 아름다움이 있는 것이다. 분별하고 비교하기를 좋아하는 사람들이 깊은 생각 없이 비교한 느낌이 든다.

모처럼만에 어제 비가 내리고 바람도 세차게 불었다. 퇴근길에 보니 고운 단풍들이 낙엽이 되어 도로 위에 뒹군다. 아내는 단풍 구경도 제대로 못했는데 애꿎은 바람 때문에 단풍이 다 떨어졌다고 성화다. 바람에 단풍이 떨어졌다고 애석해 할 일도 바람을 탓할 일도 아니다. 인간의 욕심을 잣

대로 삼아 자연을 탓하는 것은 인간의 이기심과 조바심 때문이 아닐까? 바람은 인간의 욕심 따위는 전혀 관심이 없을 테니 말이다.

어떻게 보면 단풍은 바람을 기다렸는지도 모른다. 꽃이 아름다운 것은 씨앗을 남기기 위해서라면 단풍이 아름다운 것은 떠나기 위해서가 아닐까? 나무는 나뭇잎을 아름답게 물들이고 바람을 기다리고 있었는지도 모를 일이다.

초가을에 막 피어나는 억새는 연보랏빛의 색깔에 기름기가 감도는 윤기 있는 모습이다. 억새가 달밤에 유달리 하얗게 빛나는 것도 그 윤기 때문일 것이다. 그러다가 가을이 무르익어 갈수록 그 윤기는 점점 사라지고 푸석한 솜 보풀이 되어 무게를 줄여간다. 이는 바람을 기다리기 위해서이다. 몸을 가볍게 만들어야 작은 바람에도 멀리멀리 날아갈 수 있다. 보풀이 되어야 가볍게 떠날 수 있는 것이다.

나무도 이와 같지 않을까? 다음 봄을 맞이하기 위해서 나무는 잎을 하나도 남김없이 떨어뜨려야 한다. 묵은 잎을 버리지 못하는 가지는 겨울잠을 제대로 잘 수도 없고 봄에 새싹을 틔울 수도 없다. 미세한 바람에도 나뭇잎을 잘 떨구기 위해서 영양분과 수분을 줄여 무게를 줄이는 행위가 바로 단풍이 드는 것이 아닐까?

단풍이 물드는 것은 나뭇잎을 비워줄 바람을 기다리기 위해서이다. 봄꽃이 벌과 나비를 기다리듯이 물 잘든 단풍은 바람을 기다리는 것이다. 단풍이 잘 들면 잘 들수록 더 빨리 나뭇잎을 떨어뜨릴 수 있다. 노란 물이 흠뻑 든 시골 은행나무가 푸름이 덜 빠진 도심의 은행나무 가로수보다 더 빨리 가지를 비운다.

봄꽃과 단풍은 아름다워야 하는 그 근본 이유가 다르다. 꽃이 아름다운 것은 무언가를 남기기 위해서라면 단풍은 내려놓고 비우기 위해서 아름다운 것이다. 꽃은 창조와 남김을 위한 미학이라면 단풍은 비움과 떠남의 미학이다. 꽃은 생명의 탄생을 준비하기 위하여 아름답다면 단풍은 생의 마감을 준비하기 위해서 아름답다. 생의 마감도 생명의 탄생만큼이나 그 준비가 아름다운 것이다.

가을에서 겨울로 가는 길목에서 나무들은 많은 것을 버려야 한다. 이때 나무들은 수행자의 모습을 갖추어가는 수도승을 닮아간다. 찬란했던 삶의 미련들을 곱게 치장한 나뭇잎에 담아 하나하나 떨어뜨려야 한다. 그래야 차가운 삭풍에 온몸을 당당하게 맡길 수 있고 다음 생 해탈을 위해 선정에 들 수 있는 것이다.

어제는 붉은 그리움 하나 떨어뜨렸다. 오늘은 노오란 미움도 내려놓았다. 내일은 벌레 먹어 구멍 뚫린 자존심도 버릴 것이다. 그리고 마지막엔 아직도 푸르게 남아 있는 사랑까지도 떨어뜨릴 것이다.

남김없이 온전히 비운 나무는 모진 삭풍에도 떨지 않는다. 묵묵한 몸짓으로 하늘을 우러르며 명상에 잠길 뿐이다. 수행자가 번뇌를 털어내듯이 나뭇잎을 죄다 내려놓아야 비로소 나무는 하늘을 안을 수가 있는 것이다.

어제 세찬 비바람이 불었지만 대다수의 나무가 단풍을 다 내려놓지 못하고 있다. 어차피 버려야 할 잎을 덥수룩하게 달고 있는 나무들이 다소 미련스럽고 답답해 보인다. 번뇌가 너무 많아서인가? 아니면 삶에 대한 집착이 강해서인가? 바람 잦은 이 시절에는 억지로 매달려 있는 단풍보다 발가벗은 나목이 더 잘 어울린다.

듬성듬성 아직도 잎을 다 버리지 못한 나무들이 찬바람에 흔들리며 떨고 서 있다. 번뇌에 흔들리고 욕심에 집착하는 내 모습을 보는 것 같아 마음이 스산하다.

언제쯤 저 단풍들이 다 떨어질 것인가?

땡삐

김천여고에서 3학년 담임선생, 영어선생으로 근무할 때의 어느 날이었다. 그 날은 초등학교 시절의 여자 단짝친구를 30여 년 만에 만나 저녁식사를 함께 하기로 약속한 날이었다. 초등학교 졸업하고 바로 서울로 이사 간 그녀였기에 그 오랜 세월 동안 한 번도 만난 적이 없었던 친구였다. 서울에서 살고 있는 그녀가 수소문 끝에 연락이 와서 고향 가까이 온 김에 얼굴이라도 한 번 보자며 만나기로 한 것이다.

초등학교 때의 아련한 추억도 추억이려니와 그 시절 부유했던 그녀가 나에게 남다르게 호감을 갖고 마음 써준 일들이며 유달리도 통통하고도 예쁜 그녀의 손등이 빛바랜 사진처럼 떠올라 가슴이 설렌다.

서울에서 돈 많은 집안의 며느리로 귀하게 살고 있는 사람이고 날 만나러 일부러 어려운 시간을 내서 만나는 약속이기에 내 차로 마중 나가는 것이 마땅한 일이었다. 하지만 가는 날이 장날이라고 마침 그날 나의 차가 고장으로 인해 정비공장에 들어가 있어 차를 운행할 수가 없었다. 하는 수없이 호젓한 만남의 즐거움을 포기하고 그녀를 잘 아는 같은 초등학교 동기 친구에게 부탁을 했다. 그녀를 모시고 퇴근시간에 맞추어 나를 데리러 학교에 오기로 한 것이다.

살면서 간혹 생각이 나고 들리는 풍문으로 잘살고 있다는 소식을 들었지만 그 예쁘장하던 얼굴이 어떻게 변했는지 궁금했고 한번쯤은 만나기를 고대하던 사람이었다. 졸업 후 첫 대면이었기에 나는 나의 인상을 좋게 심어주고 싶었다. 적어도 그날만은 학생들로부터 존경받는 중년의 점잖은 그리고 멋진 영어선생님으로 그녀에게 보이고 싶었던 것이다. 그래서 그날따라 평소 불편하다고 잘 입지 않던 양복을 꺼내 입었다. 그것도 내가 가지고 있는 양복 중에서 가장 잘 어울린다는 양복을 입고 넥타이까지 멋진 걸로 골라 매고 출근했었다.

이상한 흥분감마저 느끼면서 퇴근시간을 기다렸다. 퇴근

시간이 되었고 이윽고 친구의 차가 운동장에 도착했다. 나는 아주 정중한 걸음걸이로 현관 계단을 내려가서 차에서 내리는 친구와 멋지게 정장을 한 그녀를 맞이했고 서로 반가운 인사를 나누었다. 그녀는 나이를 가늠할 수 없을 정도로 젊고 아름다웠다. 세월을 뛰어넘은 듯한 그녀의 아름다운 모습을 넋 잃고 바라보고 있을 바로 그때였다. 정신을 차리라는 기합인 양 허공을 가르며 나의 귓가를 스치는 소리가 있었으니 바로 "때-ㅇ 삐!"라는 합창 소리였다. 나는 순간 멈칫했지만 곧 태연한 모습으로 그녀에게 더 환한 미소를 지으면서, 마음속으로는 더 이상 그 소리가 들리지 않기를 간절히 빌면서 그녀를 바라보며 정중하게 인사를 나누었다.

하지만 나의 기도는 또 한 번의 단말마와 같은 날카로운 "때-ㅇ 삐!"라는 소리로 여지없이 산산조각 나고 말았다. 나와 인사하던 그녀도 이제는 그 소리의 목적지가 우리 쪽인 것을 깨닫고 고개를 들고 소리의 진원지를 쳐다보고 있었다. 나도 이제는 어쩔 수 없어 그쪽을 쳐다보았다. 2층 3학년 교실 창문 쪽에 야간자율학습을 기다리고 있던 많은 여학생들이 손을 흔들며 이쪽을 보고 "땡삐! 땡삐!"를 연호하고 있지를 않는가?

그녀와 친구가 나를 보고 빙긋이 웃는다. 나는 얼떨결에 손을 흔들어 답례를 하였다. 그랬더니 그러지 않아도 뭔가 재미있는 일이 없을까? 따분해 하던 장난기 심한 여학생들은 마구 신이 나서 "땡삐! 땡삐!"를 학교가 떠나갈 정도로 합창하는 것이 아닌가? 얼떨결에 손을 들어 답례를 하였지만 황당하고 민망하기 이를 데 없었다. 얼굴이 화끈거리고 창피스러웠다. 점잖은 체면에 땡삐가 웬 말이냐? 그것도 30년 만에 처음 만나 잘 보이고 싶은 그녀 앞에 나의 치부를 드러내놓는 것 같은 생각이 들었고 눈치 없는 학생들이 야속하기까지 했다.

차를 타고 가면서 이런 나의 기분을 알기라도 하는 듯이 그녀가 위로의 말을 건넨다. "정 선생님! 여학생들한테 인기가 좋으시네요." 그런데 오늘 운전기사로 뽑은 친구놈은 참으로 잘못 선택한 것 같았다. 눈치라곤 눈곱 반만큼도 없는 얄미운 친구가 운전을 하면서 능청스럽게 묻는다. "너는 우짜다가 그 독하기 짝이 없다는 땡삐가 다 됐노? 애들을 무척 괴롭히는가 보네." 참으로 눈치 없는 놈이었다. 이런 놈을 선택한 나의 우매함과 하필 이때에 차가 고장 난 나의 불운에 한숨이 절로 나온다.

그녀가 위로의 말을 다시 건넨다. "아닙니다. 나는 참으로 좋은 별명이라고 생각합니다. 땡삐는 벌인데 벌은 부지런하고 성실하지 않습니까?" "아니지요. 애들이 오죽하면 땡삐라고 붙였겠습니까? 벌 중에는 꿀벌도 있고 호박벌도 있는데 하필이면 땡삐가 뭐꼬?" "으이구! 오늘 모든 걸 망치는구나." 한 술 더 뜨는 얄미운 친구에게 원망의 눈길을 보낸다.

나의 별명 땡삐의 역사는 꽤 오래된 것 같다. 1978년도 3월에 군복무를 마치고 경북 북부지방 오지인 봉화중학교에 복직을 했다. 봉화중학교에 재직하면서 열정적으로 시골학생들에게 영어를 가르치기 위해 무척 노력했었다. 좀 뒤떨어지는 학생들에게는 오후 나머지 공부도 시키고 게으른 학생들에게는 따끔하게 종아리도 때리면서까지 젊은 패기 하나로 학생들을 열심히 가르쳤다.

이런 악착같은 성격과 나의 체구가 자그마한 것, 따끔따끔하게 종아리를 잘 때리는 점 등을 모아서 추출해 낸 이미지가 바로 땡삐였던 모양이다. 그렇게 탄생한 땡삐는 1978년부터 1983년 2월까지 봉화중학교에서 윙윙거리면서 열심히 날아다녔다.

바다가 바라보이는 학교에서 학생들을 가르치고 싶은 작은 소망을 따라 울릉종고로 전근을 가게 되었다. 울릉도 들어가는 뱃머리에서 혼자서 다짐을 했다. '아무도 나의 별명을 알지 못하는 낯설고도 생소한 장소에서 처음 만나는 학생들을 가르치게 되었으니 이제 그 점잖지 못한 별명은 털어버리고 다른 멋진 별명 하나 얻어야지. 울릉종고는 남녀공학 학교가 아닌가? 여태 가르쳐보지 못했던 여학생들도 가르치게 되었으니 좀 더 친절하고 좀 더 자상하고 좀 더 멋지게 보이도록 노력해야지.' 하고 수많은 다짐을 했다.

울릉종고에서의 처음 한 학기는 참으로 평온한 세월이었다. 나의 별명에 대한 혐오감을 잊어버리기에 충분한 세월이었고 땡삐처럼 완벽하고 악착같이 해내야 한다는 내 나름의 강박관념에서 벗어날 수 있는 자유로운 세월이었다. 하지만 그 평온하고도 자유스러운 나날이 계속되지 못한다는 사실을 깨달은 것은 2학기가 막 시작한 시점이었다.

여름방학을 마치고 2학기가 시작되었던 어느 날 오후 나른한 5교시, 2학년 1반에서 한참 영어 수업을 열성적으로 하고 있는 도중에 언제 날아왔는지 벌 한 마리가 나의 얼굴 앞에서 윙윙거리면서 떠날 줄을 모른다. 나의 얼굴에 발랐던 스킨 냄새를 꽃 냄새로 착각을 했는지 아무튼 내가 걸음을 옮길 때마다 나를 따라 다닌다. 쏘일까봐 걱정도 되었지만 도무지 성가셔서 수업을 계속할 수가 없었다. 그래서 앞 쪽에 앉아있는 학생의 노트를 살며시 말아 쥐고서 기회를 포착하여 일격에 그 벌을 잡아버렸다. 학생들의 "와우-" 하는 자그마한 술렁임이 있었지만 아랑곳 않고 계속해서 수업을 진행하였다. 하지만 그 작은 술렁임의 수면 아래에는 엄청난 음모가 잉태되고 있다는 사실을 나는 그때 몰랐었다.

그 다음날 그 학반에 들어갔을 때 나는 칠판에 커다랗게 쓰여 있는 글을 보고서 놀라 입을 다물 수가 없었다. "땡삐가 땡삐를 죽이다! 오– 동족상잔의 비극이여!" 문장의 뜻으로 봐서 내가 분명히 땡삐인 것이다. 먼 봉화에다 두고 왔던 나의 별명이 어떻게 해서 악령처럼 이곳에서 다시 되살아났는지, 그렇게도 멀고 먼 바다를 어떻게 건너서 심해선 밖 한 점 울릉도까지 날아오게 되었는지 아니면 천성적으로 나에게 땡삐 기질이 있어 자연발생적으로 붙여졌는지 참으로 궁금하였다.

그래서 면밀히 조사를 해 본 결과 지난 6월의 학도체전이 문제였다.

6월에 경북학도체전이 점촌시에서 거행되었는데 그때 울릉종고에서 넓이 뛰기 선수 1명만이 참가를 했었다. 하늘의 장난인지 운명인지 그 선수가 투숙한 여관에 나에게 배웠던 봉화고등학교 육상선수들도 공교롭게 함께 투숙하였던 것이다. 서로 만나서 이런저런 얘기 끝에 나의 별명을 알게 되었고 그 넓이 뛰기 선수가 울릉종고 학생들에게 차츰 알리게 된 모양이었다.

그 이후로 나는 알게 모르게 땡삐라는 나의 별명에 충실하려고 노력했다. 악착같고 끝까지 최선을 다하고, 버릇이 나쁜 학생에게는 따끔하게 종아리도 때렸다. 그랬더니 나만 땡삐가 되는 것이 아니라 나의 아내에게는 '땡모' 나의 아들에게는 '땡돌이' 나의 딸아이에게는 '땡순이'라는 별명이 붙여졌다. 그뿐 아니라 교실 벽에도, 칠판에도, 화장실 벽에도 "땡삐를 죽이자". "땡삐를 밟아 뭉게 죽이자" 등 듣기만 하여도 섬찍한 표현들이 난무했다.

다섯 살 난 딸아이는 밖에만 나갔다 들어오면 나에게 묻는다. "아빠, 아빠 땡순이가 뭐야? 오빠들이 나만 보면 자꾸 땡순이라고 그래. 땡순이가 뭐야?". "응 네가 예쁘다고 그러는 거야." 라고 대답을 했지만 눈치가 빤한 초등학교 1학년인 아들놈은 땡돌이가 싫다고 입을 삐쭉거린다.

하지만 그렇게 땡삐를 죽이겠다던 학생들이 졸업을 하고 나면 갓 잡아온 오징어를 들고 땡삐가 좋다고 사택으로 찾아오곤 했다. 그렇게 5년 동안 땡삐는 모진 해풍을 받으면서도 울릉종고에서 잘 날아다녔다. 울릉종고 근무를 마치고 고향인 김천으로 오게 되었다. 10년 동안 객지 타향에서 생활하다가 처음으로 고향에서 고향 후배들을 가르치게 되었기에 가슴이 설레고 한껏 부푼 마음으로 김천중앙고등학교로 부임하였다.

이제 내 일생 뿌리를 내리고 살아야 할 고향에 왔으니 땡삐라고 불리는 것이 정말로 싫었다. 이제 내 아들과 딸도 곧 고등학생이 될 텐데 아버지가 땡삐라고 불리어진다면 어떻게 생각을 할까? 좀 더 점잖은 별명이 아니면 아예 별명이 없는 것이 어떨까? 별명이 없는 선생님들도 많기만 하지 않는가?

그런데 김천중앙고등학교에 전근 온 지 몇 달이 지나고 나서 울릉종고를 졸업하고 김천전문대학에 진학한 몇 명의 학생들이 인사차 학교로 찾아왔다. 불길한 예감이 들더니만 아니나 다를까. 어느새 중앙고등학교에도 땡삐가 날아다니기 시작하지 않는가? 정말로 모질고도 질긴 땡삐였다. 그 먼 바다를 두 번이나 건너 나를 찾아온 것이다.

중앙고등학교 근무를 마치고 김천여고로 전근을 올 때에는 나의 별명을 내 입으로 이실직고以實直告하였다. 그렇게 먼 바다를 건너서까지도 따라다니던 별명인데 엎어지면 코도 아니고 배꼽이 닿을 거리인 중앙고등학교에서 김천여고로 날아오는 것은 식은 죽 먹기가 아니겠는가. 그렇다면 역공으로 내가 먼저 털어놓고 좀 더 좋은 쪽으로 유도하는 편이 더 나을 게 아닌가 하는 나의 속셈이었다.

그래서 김천여고 부임하고 처음 맞이한 수업시간에 나를 소개할 때 나의 이름과 함께 별명을 알려주었다. 그리고 땡삐라는 말은 경상도 사투리로 땅벌에서 음운의 변화인 경음화와 '이' 모음 역행동화로 땡삐가 되었으니 땅 土, 벌 蜂으로 젊잖게 土蜂토봉 선생으로 불러달라고 적극적인 공세를 폈다.

아무래도 토봉 선생은 호 같기도 하고 옛날 서당의 훈장 선생님의 이름 같은 맛이 있어 좋을 것 같았기 때문이다. 하지만 몇 달이 지나지 않아 土蜂토봉은 온데간데없고 땡삐만 무수히 날아다닌다. 한 학생에게 물어봤더니 '소주'보다 '쐬주'가 더 맛있는 것처럼 土蜂토봉보다 땡삐가 더 재미있단다. 아! 이를 어찌할 것인가?

지난 여름방학 때 울릉도에 단체 직원여행을 갔을 때의 일이다. 몇몇 여선생님들로부터 울릉도 안내를 부탁받고 여선생님들과 택시를 탔더니 택시기사가 "아니 땡삐선생님 아니십니까?" 하면서 넙죽 인사를 한다. 나이가 서른 살이 다 된 울릉종고 출신 제자란다. 나의 이름을 아는지 물어보았더니 이름은 몰라도 땡삐라는 별명은 알고 있다고 한다.

그 이후로 나는 나의 별명 땡삐에 대해서 다시 생각하게 되었다. 나의 이름은 부모님이 지어준 이름이고 나의 별명은 나의 제자들이 붙여준 이름이 아닌가? 적어도 20년 이상 바다를 두 번이나 건너면서도 나를 따라다닌 별명은 또 다른 내 색깔에 맞는 나의 이름이 아니겠는가? 또 다른 나의 이름을 창피하게 생각하지 말고 애착을 갖자.

그리고 그 이름에 충실해지자. 자칫 나이가 들어감에 따라 생기기 쉬운 나태함, 적당주의, 안일함 등을 땡삐의 속성으로 물리치자. 그리고 학생들에게 한가지만은 확실하게 심어주자. 끝까지 최선을 다하는 땡삐의 모습을 학생들에게 심어주자.

지난 스승의 날에는 꿀 한 병을 선물로 받았다. 선물과 함께 동봉된 편지에는 "선생님! 일 년 양식입니다. 아껴서 드십시오."라고 적혀있었다. 선생님들에게는 제자들의 존경과 사랑이 선생님으로서 살아가는 데 필요한 참 양식이 아니겠는가? 나에게 땡삐라고 불러주는 학생들이 있는 한 나는 외롭지 않고 항상 최선을 다하려고 노력할 것이다.

떠나가는 계절

— 문학세계 2013 명작가선 원고

우리는 살아가면서 많은 것들을 새롭게 맞이하기도 하지만 또한 많은 것들을 떠나보내며 살아간다. 새로운 것을 맞이할 때는 만남의 기쁨과 기대감으로 가슴 설레지만 떠나보낼 때는 상실의 슬픔과 허전함으로 가슴 아파한다.

언제나 새롭게 맞이하면서 항상 가슴 설레게 살고 싶지만 그렇게만 할 수 없는 게 우리의 삶이 아니던가. 사람도 떠나가고 세월도 떠나가고 하염없이 바라보던 산마루의 흰 구름도 떠나가고, 맑아진 물색으로 그윽하게 흘러가는 시냇물까지도 고운 가을빛 담고서 어디론가 떠나간다.

맞이하는 설렘보다 떠나보내는 서글픔이 우리 마음에 더

깊은 웅덩이를 만드는 것은 인간이라는 동물은 본시 무언가를 곁에 두고 소유해야 직성이 풀리는 욕망의 존재라서 그런 것일까?

계절로 치면 봄을 맞이하는 계절이라고 한다면, 가을은 분명 떠나가는 계절일 것이다. 가을이 되면 매일같이 무언가가 하나 둘 우리 곁을 떠나간다는 상실의 느낌이 든다.

그래서 그런 것일까? 가을이 되면 딱히 꼬집어 이유를 댈 수 없는 애수가 가슴 밑바닥에서부터 가을 안개처럼 차오른다. 새해 시작하고 아홉 달의 마지막 밤은 아무렇지도 않게 잘 지내다가도 가을이 깊어지는 10월의 마지막 밤은 술 한 잔 걸치지 않고 그냥 보내기가 어렵다.

어찌하다가 비라도 올라치면 처량한 마음 주체할 수 없어 짝 잃은 사슴처럼 어딘가를 무작정 헤매고 싶고 조락한 공원이라도 낙엽 밟으며 서성이고 싶어지는 것이리라.

맞이하기만 하고 떠나보내지 않음은 가득 차고 꽉 막혀서 흐름의 자유로움도 없고 소통의 시원함도 없이 질식해버리고 말 것인데…….

비워야 채울 수 있듯이 맞이해야 떠나보낼 수 있고 떠나보내야 다시 맞이할 수가 있는 것인 줄 잘 알면서도, 막상 떠나보내는 마음속에는 스산한 바람이 어지럽게 불고 쓸쓸한

가랑비가 내린다.

'성긴 대나무 숲에 바람이 들어도 바람이 지나가고 나면 그 소리를 남기지 않고, 달빛 차가운 연못에 기러기가 날아들어도 기러기가 지나가고 나면 그 그림자를 남기지 않는다.'고 했거늘 지나가는 계절 그저 그렇게 무심히 지내면 될 법도 한데 가을만 되면 왜 이리 마음이 심란해지는지 모르겠다.

가을에는 가만히 두어도 그냥 쓸쓸한데 사랑하는 사람까지 떠나간다면 도저히 견딜 수 없으니 이왕 떠날 것이면 가을에 떠나지 말고 차라리 하얀 눈이 오는 겨울에 떠나라고 노래한 사람의 심사를 알 것 같기도 하다.

또 하나의 계절이 떠나갈 준비를 하는 것 같다. 며칠 전까지만 해도 황금빛 들녘이 누런 물결을 이루며 가득하니 출렁거려 보기 좋더니만 오늘 아침 출근길에 보니 황금빛 들녘이 군데군데 비워지고 있었다.

요 며칠간 시냇물이 향연 같은 아침 안개를 진하게 피어올리더니만 떠나기 전 마지막 축원의 의식을 치루었던 모양이다. 이제 들녘은 하나 둘 비워져가고 있다. 저 들녘이 비워지면 논두렁 억새꽃도 바람 따라 먼 여행을 떠나갈 것이고 고운 단풍들도 서걱거리는 낙엽이 되어 어디론가 떠나가겠지.

구미에 사는 여동생에게서 전화가 왔다. 남산동에 사시는 외삼촌의 치매가 더욱 심해져 하루에도 몇 번씩 정신이 왔다 갔다 하신단다. 사람을 영 알아보지 못하기 전에 한 번 찾아뵈어야 되지 않겠느냐고 한다.

외삼촌은 올해 아흔의 나이로 집안에 단 한 분 남으신 윗대 어른이시다. 친가 외가를 통 틀어서 가장 장수하시는 분이시다. 명절 때라도 한 번씩 찾아뵙는 집안 어른이라고는 외삼촌이 유일하여 내가 내심으로 외삼촌의 건강과 수명을 닮기를 은근히 고대하던 분이시다.

기별을 받았는지 주말에 누님이 대전에서 내려오셨다. 누님과 여동생 그리고 아내와 함께 외삼촌을 찾아뵈었다.

외삼촌은 겉으로는 건강하시고 혈색도 좋아 보인다. 젊을 때 유달리 많이 웃고 장난기가 많으셔서 어린 나에게도 매우 재미있는 외삼촌으로 기억되어 있었다. 여전히 눈가에는 익살스러운 장난기가 감도는 듯한 얼굴로 우리를 맞이하신다. 치매를 앓고 계신다는 느낌이 전혀 없다.

그래서 "외삼촌 제가 누굽니까?"라고 물었더니 네가 나를 떠보는 것 같은데 어림 반 푼어치도 없는 물음이라는 듯이 씩 웃으시며 "네가 뉘긴 누구야! 성찬이 아니냐?" 라고 대답하신다.

적이 안도한 누님이 "저는 누굽니까?" 라고 물었더니 한참을 쳐다보시고 "글쎄요, 누구신지?" "어디서 오신 아줌마인지?" 모르시겠단다. 마치 알고 있으면서 장난으로 그렇게 대답하는 것 같아 재차 물었더니 영 딴소리만 하고 계신다.

수발을 들고 계시는 외숙모님께서 말씀하시기를 하루에도 여러 번 정신이 왔다 갔다 하여 외숙모님까지도 잘 알아보시다가 수시로 몰라보신다고 귀띔해 주신다. 그리고 제 정신이 아니실 때는 자꾸 떠나야 한다는 말씀을 하신단다. 지금 남의 집에 와 있으니 돌아갈 길을 빨리 떠나야 한다며 자꾸 밖으로 나가시려 한단다. 그래서 잠시도 한눈을 팔지 못하고 밤에 주무실 때에도 자물쇠를 대문 안으로 채워 두어야 안심이 된다고 하신다.

부질없는 질문이지만 외삼촌께 왜 떠나시려고 하는지 물었다. 당연한 것을 물어 성가시게 한다는 듯 "어허! 여기는 우리 집이 아니니깐 우리 집으로 떠나야지? 전화기와 전화기 놓는 가구와 방안에 놓인 모든 것이 우리 집과 꼭 같게 치장을 해 놓았지만 여긴 우리 집이 아니야. 우리 집으로 돌아가려면 서둘러 떠나야 해." 정상이 아닌 치매 걸린 노인네의 말이지만 마음에 섬뜩하게 와 닿는다. 그리고 많은 것을 생각하게 하는 말이다.

아폴로니우스가 말하기를 "겉으로 보이는 모양 말고는 어떤 것도 죽지 않는다. 본질에서 자연계로 건너가는 것은 탄생이요. 자연계에서 본질로 돌아가는 것은 죽음처럼 보일 뿐이다. 실제로 창조되거나 사멸하는 것은 아무것도 없다. 다만 눈에 보이거나 안보이게 될 뿐이다."라고 했거늘 우리는 언젠가는 진짜 우리 집인 본질을 향해 이 자연계를 떠나야 하는 것, 다만 각자의 떠나는 시각만 차이 날 뿐 누구나 다 떠나야 하는 엄연한 진실을 다시 한 번 깨닫는 기회를 주신다.

나뭇잎들이 고운 단풍으로 물드는 걸 보니 떠날 준비를 하는 것 같다. 오래지 않아 낙엽이 떠나듯 외삼촌도 우리 곁을 떠날 것이다. 그리고 언젠가는 너도 나도 떠나야 하지 않겠는가?

빨리 떠나고 늦게 떠나는 게 중요한 것이 아니라 얼마나 아름답게 물들었다가 떠나는가가 더 중요하다는 생각이 든다. 모든 나무가 다 고운 단풍이 드는 것은 아니다. 나무 종류마다 다르고 같은 나무라 할지라도 나뭇잎 하나하나마다 단풍드는 모습이 전혀 다르지 않는가? 어떻게 하면 곱게 물든 단풍처럼 아름답게 늙었다가 떠나갈 수 있을까?

부디 저 가을빛처럼 곱게 물들었다가 떠나고 싶다.

이것도 부질없는 욕심인가?

아! 가을빛 한번 참 곱구나!

맑음에 대하여

들판이 황금색으로 출렁인다. 가을이 해맑게 무르익어 간다. 오곡이 여물고 모든 과일들이 마무리 단장에 한창이다. 가을은 결실의 계절이기도 하지만 맑음의 계절이다. 구름 둥둥 떠가는 하늘도 맑아지고, 깻단 터는 할머니의 등짝에 내리는 햇볕도 맑아지고, 산기슭을 돌아 내려오는 바람 한 점에도 맑음이 느껴진다. 그 중에서도 가을이 되면 맑아짐을 눈으로 가장 먼저 느끼는 것은 고운 가을빛 담아 흐르는 개울 물색일 것이다. 왜 가을이 되면 자연의 몸짓이 맑아지는 걸까?

맑음에 반대되는 것은 흐림이다. 자연을 흐리게 만드는 것에는 두 가지가 있는 것 같다. 하나는 생명의 성장에 필요한 영양분이요 다른 하나는 생명의 주검인 노폐물이다. 인간이 만든 쓰레기도 노폐물의 일종일 것이다. 한 생명의 노폐물은 다른 생명의 영양분이 되기도 한다.

봄은 생명의 시작인 태동의 계절이고 여름은 성장의 계절이다. 태동과 성장은 많은 움직임이 필요한 시기이다. 움직임에는 에너지가 필요하고 에너지는 많은 영양분을 필요로 한다. 또한 성장을 하려면 묵은 몸집 즉 노폐물을 버려야 한다. 이런 영양분과 노폐물의 많은 이동은 흐림을 유발한다. 여름이 성장의 정점이라면 가을은 순환과정에서 돌아가는 여정이다. 성장을 접고 냉정함과 차분함으로 여무는 계절이다. 외부 성장을 멈추고, 차분하게 안으로 여물고, 냉정하게 가라앉히는 몸짓이 맑음이다. 그래서 가을은 맑음에 한 발짝 다가가는 계절이 된다.

자연의 본 모습은 맑음이다. 자연은 생명을 키우고 끊임없이 진화시키지만 맑음으로 돌아가려는 본능을 가지고 있는 것 같다. 지난여름 내가 사는 이 골짜기에 엄청난 폭우가 쏟아졌다. 예전에는 겪어보지 못했던 세찬 비였다. 그야말로 양동이로 물을 내리붓듯이 하늘에서 빗물이 쏟아졌다. 심한 비에 걱정이 되어 창문으로 뒷산을 바라보고 있었다. 아니나

다를까? 뒷산 비탈의 어느 문중 산소들이 산사태로 흐물어져 내린다. 처음에는 잔디밭 사이로 아주 자그마한 틈이 갈라지더니 얼마를 못 버티고 와르르 일순간에 무너져 내렸다. 커다란 흙무더기가 빗물에 씻겨 내려가니 깨끗한 마사토 암반이 드러난다.

무덤 앞 둔덕에 서 있던 소나무 고목 여섯 그루를 사오 년 전에 베어버린 것이 원인이 된 것 같다는 동네 노인의 말이다. 소나무를 벤 이유가 조상 무덤에 그늘이 끼어 잔디가 잘 자라지 않고, 큰 길에서 무덤들이 소나무에 가리어 잘 보이지 않는다는 이유라고 했다. 참으로 어처구니없는 실수를 한 것 같다. 인간은 만물의 영장이고 지혜로운 동물이라고 자부하지만 자연의 큰마음을 알아차리기에는 역부족인지도 모른다.

죽은 소나무 뿌리는 더 이상 생명의 일부가 아니고 노폐물이다. 노폐물은 자연으로 보면 더 이상 성장시킬 대상이 아니라 정화시킬 쓰레기가 된다. 노폐물은 쓰레기가 되어 자연을 흐리게 만들고 이 흐림이 지나치면 오염이 된다. 폭우가 내리면 댐 상류는 떠내려 오는 쓰레기들로 몸살을 한다고 한다. 인간이 버린 쓰레기도 문제이지만 무분별한 개발이 자연의 노폐물을 너무 많이 양산하여 더 큰 문제라고 한다.

산골짜기가 심하게 오염되면 반드시 폭우가 내려 청소를

하고 해안가가 심하게 오염되면 어김없이 커다란 해일이나 파도가 휩쓸어 정화시킨다는 이야기를 들은 것 같다. 근래 들어 대형 자연재해가 지구 곳곳에서 자주 일어난다. 그만큼 자연이 노폐물로 심하게 오염되었다는 의미가 아닐까? 대형 홍수로 수만 명의 이재민을 내기도 하고 대형 산불, 지진 해일, 대형 토네이도, 태풍 등 이런 자연재해들이 인간의 삶을 망가뜨린다. 하지만 인간의 입장에서 보면 재해이지만 자연의 입장에서 보면 맑음으로 돌아가려는 순진무구한 몸짓이 아닐까?

맑아진 시냇물을 바라보며 마음의 맑음에 대해 생각해본다. 마음의 맑음도 저 물과 같은 이치가 아닐까? 사람 마음을 흐리게 하는 것은 사랑과 욕망이다. 사랑은 마음을 성장시키는 영양분과 같은 것이고 욕망은 마음을 오염시키는 노폐물과 같은 것이다. 사랑과 욕망의 경계는 모호해서 한 사람의 욕망이 다른 사람에게는 사랑이 될 수도 있다. 하지만 영양분과 노폐물이 많으면 물이 맑지 못하듯이 욕망과 사랑이 많으면 우리 마음도 맑지 못한 것 같다.

욕망과 사랑이 많은 젊음은 맑은 마음 갖기가 어려운 일이다. 세월이 쌓일수록 욕망과 사랑은 마음에서 비워내는 것이 자연의 이치일 것이다. 돌아가는 계절, 가을이 되면 모든 산하가 맑음에 가까이 다가가듯이 늙음이 무르익을수록 우리의 마음도 맑음에 더 가까이 가려고 노력해야 하지 않을까? 얼굴에 검버섯이 피어나고 낯빛과 눈빛은 흐려진다 하더라도 마음만은 더 맑아져야 하지 않을까? 젊음의 욕망보다 노욕이 더 추하게 보이는 이유를 우리는 알아야 한다.

자연의 본 모습이 맑음이듯 우리 마음의 본 모습도 맑음이 아닐까? 맑음이 끝없이 진화되어 궁극에 이르는 것이 불교에서 말하는 '空공'은 아닐까? 행복도 불행도, 기쁨도 슬픔도, 즐거움도 지루함도 넘어선 경지인 고요한 맑음이 불교에서 말하는 眞如진여의 경지는 아닐까?

불교에서 말하는 어렵고도 오묘한 맑음은 취득하기 어려운 일이지만 봄에 꽃 피면 울긋불긋 꽃 핀 봄 산을 비추고, 여름 녹음이 우거지면 싱그러운 여름 산을 비추고, 가을 빛 고우면 가을 산을 그대로 비추는 저 맑은 호수와 같은 마음을 갖고 싶다. 그래서 투명한 자유로, 걸림 없는 맑음으로 세상을 바라보고 싶다.

이슬의 계절

— 문학세계 2012년 11월호 신인상 수상작품

오늘 아침 따라 유달리 이슬이 많이 내린 것 같다. 이른 아침 산책길 잔디밭이 후줄근히 젖어 있다. 몇 걸음 가지 않아 신발까지 다 젖는다. 풀잎에 맺힌 이슬방울들이 떠오르는 아침햇살에 반사되어 마치 맑은 밤하늘의 영롱한 별빛 같다.

봄, 여름에도 이슬이 내리겠지만 본격적인 이슬의 계절은 가을로 들어서는 요즈음이 아닌가 생각된다. 조상들이 정해 놓은 24절기에 이슬이 등장하는 것도 요즈음이니깐 말이다. 이슬의 계절은 공기 중의 습기가 기온 저하로 인해 맑은 이슬로 맺어지기 시작한다는 백로에서 시작되고 찬이슬이 내리는 한로를 지나 이슬이 서리로 변한다는 상강 전까지가 아닌가 한다.

'이슬' 하면 떠오르는 이미지가 맑고 깨끗하여 많은 이들이 즐겨 이름으로 사용하고, 전혀 어울릴 것 같지 않은 술 이름에도 널리 사용되어 왔다. 감로주라니 참이슬이라니 하면서 술 이름에 많이 사용되어온 것은 술이 가져오는 정신적 흥분과 혼탁함을 조금이라도 숨겨보고자 하는 의도라 생각된다. 하지만 이슬의 맑고 깨끗함만 믿고 마음을 놓았다가 그 다음날 아침 어김없는 정신적 혼탁함으로 괴로워한 것이 한두 번이 아니다.

술은 마실 때는 차갑지만 열기와 흥분을 주고 차는 마실 때는 뜨거우나 정신적 맑음과 차분함을 제공해 준다는 면에서 이슬은 술보다도 차의 이름으로 더 어울리는 것 같다.

공기 중에 있는 습기가 맺혀서 이슬이 되니 모든 이슬이 다 깨끗한 것은 아닐 것이다. 공기가 탁하면 이슬도 탁해지는 것이 아니겠는가? 하지만 이슬이 항상 깨끗함과 맑음의 대명사가 된 것은 이슬이 우리의 시야에 들어오는 시간이 이른 아침으로 하루 중 맑은 서기가 가장 충만한 시기이기에 더욱 더 그러하리라.

이슬은 또한 덧없음과 무상함의 상징으로 표현되어 왔다. 풀잎의 이슬은 햇볕이 나면 흔적과 자국도 없이 쉽게 사라져 버리니 무상함의 비유로 많이 사용되는 것 같다.

삼국유사에 나오는 조신의 꿈 이야기에 육체의 덧없음과 남녀 간 약속의 허망함을 '紅顔巧笑 草上之露 約束芝蘭 柳絮飄風홍안교소 초상지로 약속지란 유서표풍'이라고 표현했다. "아름다운 얼굴 고운 미소는 풀잎에 맺힌 이슬처럼 덧없고 남녀 간의 굳은 약속들도 버들꽃솜털이 회오리바람에 흩어지는 것처럼 허망하다."라고 했다. 이처럼 이슬은 맑고 깨끗함의 상징이지만 햇살이 비치면 이내 흔적도 없이 사라져 버리기에 무상함을 일깨워주는 의미로 여겨왔다.

풀잎을 흠뻑 적시는 오늘 아침의 이슬을 보고 나는 이슬의 또 다른 의미를 생각해 본다. 이슬이 내리는 또 다른 이유가 있는 것 같다. 제주도 속담에 '白露前未發백로전미발'이라는 말이 있다. '백로가 되기 전에 패지 못한 나락은 결실하기가 어렵다.' 즉 '볏논의 나락은 늦어도 흰 이슬이 내리기 전에 패어야 하지 그러지 못한 나락은 쭉정이가 될 수밖에 없다.'라고 한다.

이 말을 곰곰이 생각해보면 이슬이 내리기 전까지 성장을 다 피워내고 이슬이 내리면 성장하는 일보다도 안으로 영글어지는 일에 더 힘쓰라는 의미로 이슬을 시절상의 이정표라고 여긴다는 의미가 아닌가? 이슬의 계절이 되면 이 산하 모든 초목들은 경건한 의식을 치른다. 밤새 내리는 이슬로 정갈하게 목욕하고 더없이 맑아진 햇볕에 몸을 말리기를 반복하면서 생의 마무리를 준비한다. 여름내 화려했던 녹색성장을 멈추고 안으로 안으로 깊어가고 여물어가는 것이다.

이슬이 내리는 것은 외부로 뻗어나가기만 하던 성장을 멈추고 내면을 살피고 안으로 여물어지라는 것이리라. 이슬은 이 산하의 모든 초목들이 성장하고 싶은 마음들을 내려놓게 만든다. 이슬이 내리면 화려한 녹색에서 수수한 녹색으로, 들뜬 푸름에서 차분한 푸름으로 초목들은 겸손해진다.

삶의 순환에 순응하는 이런 모습은 지금껏 달려왔던 화려하고 풍성한 외양의 성장을 멈추고 다음 생을 위해서 고요하고 소박한 내면에 더 충실해지라는 이슬의 충고를 겸허히 받아들였기에 가능하다고 생각한다.

하지만 철모르는 어떤 식물들은 이슬의 충고에도 성장을 멈추지 않는다. 무슨 욕심이 그렇게 많아서인지, 아니면 영생을 꿈꾸기라도 하는 것인지 이슬을 삶의 방식을 바꾸는 경건한 의식의 정화수로 여기지 않고 또 하나의 다른 성장에 필요한 수분으로 여긴다. 그래서 철 늦은 새잎을 피우기도 하고 새싹을 틔우기도 한다.

머지않아 서리가 내릴 것이다. 아니 이슬이 변해 서리가 될 것이다. 서리가 내리면 성장을 멈추고 안으로 여물어진 초목들은 저마다의 색깔로 곱게 물들 것이지만 성장을 멈추지 않고 안으로 여물어지지 못한 초목들은 된서리에 말라 시들어버릴 것이다.

단풍나무가 첫서리에 곱게 물들 때 그 옆에서 하늘로 치솟기만 하던 칸나가 하룻밤 사이 주저앉아 허물어지는 것을 작년에도 보지 않았던가? 얼마만큼 내면으로 충실해졌는가에 따라 단풍이 드는 모습도 달라질 것이다.

인생살이도 이와 같지 않을까? 육십을 살아온 내 인생의 계절에도 지금 이슬이 내리고 있는 것은 아닐까? 그래서 외양보다 내면을 위해 좀 더 많은 시간을 보내고 육체보다 영혼을 맑게 하는 일에 좀 더 관심을 가져야 하는 계절이 온 것은 아닐까? 새로운 인연을 잡다하게 맺기보다 맺은 인연들을 소중히 보듬어야 하는 계절이 온 것은 아닐까? 단풍처럼 아름답게 늙어가기 위해서, 즉 아름다운 마무리를 위해서 사고의 방식, 삶의 방식을 조금씩 바꾸어 가야하는 계절이 온 것은 아닐까?

법정 스님은 "아름다운 마무리는 비움이다. 채움만을 위해 달려온 생각을 버리고 비움에 다가가는 것이다. 그러므로 아름다운 마무리는 비움이고 그 비움이 가져다주는 충만으로 자신을 채운다."라고 했거늘 과연 나는 오늘 무엇을 비울 것인가?

제4의 영혼

교장 초임 시절 처음으로 연수를 받을 때였다. 어떤 형태이든 연수라는 것은 정해진 시간표대로 진행되는 딱딱하고도 재미가 없는 교육이다. 그리고 누구라도 연수를 받는 입장에 서면 항시 얼마간의 긴장이 있기 마련이다. 하물며 이제 갓 교장으로 승진한 나에게는 연수는 대단히 경직되고 불편한 시간들이었다.

연수의 주제는 미래교육이었다. 오전에 미래교육에 대한 강의식 연수가 있었고 오후에는 7~8명씩 분임을 이루어 토의를 하고 그 결과를 발표하는 방식으로 진행이 되었다. 미래교육을 이끌어 갈 두 가지 큰 바퀴는 창의성과 인성이라는 내용의 오전 강의가 있었다. 오후에는 미래의 인재가 갖추어야 할 인성에는 어떤 덕목들이 있는지 분임별 토의를 했다.

가장 중요하다고 생각되는 인성 덕목을 한 가지씩 분임별로 토의를 하고 그 이유를 발표하도록 되어 있었다. 나는 제3분임의 대표로 미래에 가장 필요한 인성의 덕목으로 '남을 위한 배려'에 대해서 발표했다. 나는 배려가 중요한 이유를 현대문명의 발달로 미래에는 매우 빠르고 복잡한 생활이 될 것이고 그런 사회가 건강하게 유지되기 위해서는 남을 위한 배려가 무엇보다도 중요하다는 설명을 하고 있었다.

'아뿔사'라는 절의 주지 스님이 '절정' 스님이라고 했던가? 아뿔사! '배려'를 설명하는 절정의 순간에 안주머니 속에 들어있던 내 휴대폰 벨 음악소리가 우렁차게 울려 퍼졌던 것이다. 나는 머릿속이 하얗게 변하는 것을 느꼈다. 연수를 받을 때 가장 기본적으로 갖추어야 할 예의를 갖추지 못했고 더군다나 '남을 위한 배려'를 운운하면서 전혀 남을 위한 배려를 하지 못하는 무례함을 저질러 버렸다. 어디 쥐구멍이라도 있으면 들어가고 싶은 심정이었다. 점잖은 교장 체면에 이게 무슨 황당한 꼴이란 말인가?

오전 강의시간에 진동 모드로 전환시켰던 것을 점심시간에 중요한 전화를 놓칠까봐 진동소리 모드로 다시 환원시켰다는 사실을 까맣게 잊고 있었던 것이다. 당황한 나는 주머니에서 휴대폰을 꺼내다가 급한 나머지 휴대폰을 강의실 바닥에 떨어뜨렸다. 바닥에 떨어졌어도 내 휴대폰은 전혀 주눅 들지 않았다. 위치의 고저를 가리지 않고 무슨 한이라도 푸는 듯 몸을 부르르 떨면서까지 그의 임무를 충실하게 수행하고 있었다. 휴대폰 벨 음악으로 선정해 놓은 '새벽안개' 음악소리는 그야말로 새벽안개처럼 마구마구 퍼져나가고 있었다.

그 순간 휴대폰은 나에게는 악령의 화신처럼 느껴졌다. 그 악령을 제압하기 위해 나는 얼른 휴대폰을 집어 들었다. 황급한 나머지 손에 익숙한 통화 버튼을 누르고 다시 안주머니에 넣었다. 벨 음악소리는 이제 더 이상 들리지 않게 되어 다행이었으나 휴대폰에서 상대방 목소리가 들려온다. "여보세요? 여보세요? 야! 정 교장! 전화 안 받고 뭐하나? 내 소리 들리나?" 전화기 속에서 허물없이 지내는 친구의 고함소리가 들려온다. 벨 음악소리처럼 그렇게 크게 들리지는 않으나 주위 사람들은 충분히 들을 수 있는 크기였다. 통화소리 볼륨을 한껏 올려놓았던 것이 또 하나의 화근이었다. 이제는 등에서 식은땀이 흐른다. 순간 나는 망연자실한 눈으로 강사 선생님을 쳐다보았다. 강사선생님은 빙그레 웃으시며 고개를 끄떡인다. 용기를 얻어 다시 휴대폰을 꺼내 끄기 버턴을 가까스로 눌렀다. 그 시간이 왜 그렇게 길게 느껴졌던지 악몽의 긴 터널을 지나온 것 같았다. 기나긴 악령과의 싸움은 그렇게 끝났다.

"죄송합니다. 휴대폰을 저처럼 관리하시면 남을 위한 배려를 전혀 하지 못한다는 것을 실제 보여준 것 같습니다."

응급한 변명으로 웃음과 함께 그 순간은 넘어갔지만 참으로 황당하고 창피한 일이었다. 그 일 이후로 휴대폰 관리에 더 많은 신경을 쓰고 있다. 하지만 심해진 건망증 때문에 종종 무례를 범하는 일이 일어나곤 한다.

요즈음은 초등학생만 되면 싫든 좋든 휴대폰과 함께 하는 생활을 하게 된다. 맞벌이에 바쁜 부모들은 어린 자식들의 안전과 보살핌을 담보하기 위해 유비쿼터스 소통을 원하고 있고 호기심에 사로잡힌 청소년들은 신기함에 매료되어 광범위한 새로운 세상과 소통하고 싶어 한다. 이 두 가지의 욕구를 멋지게 충족시켜 주는 것이 휴대폰이다. 그래서 현대인들은 철이 들자마자 휴대폰과의 동거가 시작되고 그렇게 시작된 동거는 부모형제나 배우자의 동거보다도 훨씬 오래 지속이 되고 인생이 끝날 때까지 계속된다.

요즈음의 휴대폰은 타인과의 단순한 소통뿐만 아니라 소셜 네트워크를 통한 광범위한 쌍방향 소통, 새로운 지식의 검색, 모르는 길 찾기, 새로운 영화감상, 유명한 강사의 강의 청취, 때로는 무료함을 달래 주는 게임도 할 수 있는 그야말로 다기능 생활 동반자가 되었다. 가히 우리가 빠져들 수 있는 제4의 영혼을 가진 존재가 되었다. 하지만 휴대폰은 어디까지나 제1의 영혼인 내가 필요할 때만 함께 하는 제4의 영혼인 것이다. 제4의 영혼은 관리하고 이용할 대상이지 결코 빠져들 대상이 아니며 관리하지 못하면 악령으로 변할 수도 있는 그런 영혼인 것이다.

제4의 영혼은 가장 중요한 제1의 영혼인 또 다른 내가 될 수도 없고, 나와 살가운 정을 나눌 수 있는 상대자인 제2의 영혼도 될 수 없다. 그리고 때로는 공감의 눈빛으로, 때로는 무언의 질책으로 나의 마음을 다잡아주는 제3의 영혼인 이웃보다 더 중요한 존재가 될 수도 없다. 하지만 항상 이 서열이 허물어질 때 많은 문제점을 낳는다. 제4의 영혼인 휴대폰에 몰두하느라 제1의 영혼인 나의 내면을 차분하게 살필 시간을 갖지 못하고 있는 것은 아닌가? 휴대폰에 몰두하느라 제2의 영혼인 상대방을 소홀히 대한 적은 없는가? 혹은 제3의 영혼인 이웃들을 불편하고 불쾌하게 만든 일은 없는가? 한 번쯤 뒤돌아볼 일이다.

현대 창의력의 대명사가 된 스티브 잡스는 기술과 인문학을 결합한 융합지식의 산물로 오늘날의 휴대폰을 만들었다고 한다. 영국의 시인 윌리엄 블레이크의 시에서 영감을 얻어 지금의 휴대폰 전신인 아이폰을 만들었다고 한다. 블레이크의 시 「순수의 전조」라는 시에 이런 구절이 나온다. '한 알의 모래알 속에서 세계를 보고, 한 송이 들꽃에서 천국을 보기 위해서, 손바닥 안에 무한을 붙들고, 시간 속에서 영원을 붙잡아라.' 이 시 구절 중에서 '손바닥 안에 무한을 붙들고'에서 영감을 얻어 아이폰을 만들었다고 했다.

하지만 손바닥 안에 무한은 얼마나 붙들었는지 모르지만 그 무한에 무한정 매몰되어 한 알의 모래알도 한 송이 들꽃도 우리는 제대로 바라볼 시간이 없다. 휴대폰은 무한한 정보와 시간의 자유를 약속하는 듯하지만 사람들은 모두 거기에 사로잡혀서 다른 것들을 보지 못한다. 휴대폰 액정화면 속의 가상세계에 열심히 몰입하다보니 자기 내면과의 진솔한 대화, 다른 사람과의 정감적인 소통, 자연과의 교감과 같은 삶의 물기가 부족하여 우리 사회는 자꾸만 메말라 간다. 무한정한 자유가 결국 자기 자신을 착취하는 폭력이 되어 버린다.

스티브 잡스가 아이폰을 통해서 만들려고 꿈꾸었던 세상이 이와 같은 세상이었을까? 서울과학기술대학의 백욱인 교수는 그의 글 '디지털 혁명을 이끈 인물들'에서 이렇게 말하였다. "스티브 잡스는 애플의 기술 속에 인문학적인 교양과 인간이 녹아들어 가기를 원했다. 그는 PC 이후 시대에 만들어지는 기기는 기술과 인간이 결합하는 것이 가장 중요하다고 강조했다." 인문학적인 교양이 현대기술에 녹아들어 가기를 바랄 정도로 스티브 잡스는 인간을 중시했다. 그리고 선불교에 심취하기도 했던 그가 꿈꾸었던 세상은 제1영혼인 자신의 내면을 면면히 살피고 제2의 영혼인 상대방과 제3의 영혼인 이웃 그리고 자연과 정감적으로 교감하는 인간적인 물기가 촉촉한 세상이 아니었을까? 자기가 만든 휴대폰이 이런 세상을 만드는 데 일조하기를 원했을 것이다.

1, 2, 3, 4 서열을 꼭 지키자. 휴대폰을 제4의 영혼답게 취급하자. 그것이 스티브 잡스가 진정으로 바라는 세상, 즉 '한 송이 들꽃'을 통해 바라보는 천국이 아닐까?

흐릿함의 미학

오늘 아침은 안개가 너무 짙게 끼었다. 여름이 끝날 무렵부터 시작된 안개였다. 가을 끝자락부터 자주 나타나더니 오늘 아침은 아예 작정을 한 것 같다. 날이 새는지도 모를 정도로 짙게 끼었다. 어디가 동쪽이고 어디가 북쪽인지 방향을 종잡을 수 없다. 연기 같은 희뿌연 흐름이 주위를 꽉 채운다. 누군가 떠날 준비를 하는 것인가? 무사함을 비는 향불 연기가 이렇게 짙은 걸 보니 가야할 길이 아주 먼 모양이다.

털 세운 고슴도치 같던 마을 앞 산등성이도 보이질 않고, 여명 속에 파도처럼 주름져 밀려오던 먼 겹산경도, 누워 있는 부처님의 옆모습을 닮은 금오산도 보이지 않는다.

망각의 커튼인가? 조망의 자유로움이 가로막혔다. 흰 안개 벽만이 사방을 에워싸고 있다. 흐릿한 기억 속의 그림자인가? 뜰 앞 소나무만 희미하게 보인다. 지금 내가 있는 이곳이 이승인지 저승인지 분간이 안 된다. 그런데 포근하고 아늑한 느낌이다. 어미 품에 안긴 병아리가 이런 느낌을 가질까?

예전에는 안개가 끼면 답답하고 불편했었다. 하지만 오늘은 낯설지가 않다. 친숙하고 좋은 느낌이 든다. 젊었던 시절에는 환하고 밝은 경치, 특히 여름날 소나기 온 뒤의 선명한 경치가 좋았었다. 하지만 언제부터인가 흐릿한 풍경이 더 좋아진다. 희뿌연 아침 여명이나 땅거미 지는 저뭇한 저녁나절 아니면 비안개에 잠긴 들녘 끝 아스라한 경치가 더 마음에 끌린다. 안개인지, 구름인지 흐릿하여 꿈길 같아서 좋다. 먹물로만 그린 수묵산수화는 많은 것이 생략되어 여백으로 표현된다. 흐릿함은 수묵산수화의 그 여백을 보는 것 같아서 좋다.

어슴푸레한 경치가 마음에 끌리는 것은 왜일까? 이것도 나이가 들어서 그런 것일까? 사람이 죽음에 가까이 갈 때는 오각 중 시각이 제일 먼저 없어지고 청각이 가장 오래 남는다고 한다. 그래서 모든 종교의 장례의식에는 청각에 호소하는 주문이나 노래를 가장 오래도록 하는 모양이다. 제일 먼저 없어진다는 시각은 노안이 바로 그 시작이 아닌가 하는 생각이 든다. 노안이 오면 그만큼 죽음에 가까이 다가섰다는 것을 의미한다고나 할까?

사람은 태어나는 순간부터 죽음을 향해 걸어가는 여정이 시작되고 늙어간다는 것은 죽음과 가까이 가는 일이다. 누구나 이것을 잘 알고 있지만 몸소 그것을 느끼게 되면 서글픈 생각이 든다. 노안은 예고도 없이 찾아온다. 저세상에서 날아온 벌금 고지서 같다. 생뚱맞고 불편하다. 하지만 노안은 슬퍼할 일만은 아니다. 육체의 활력이 떨어지는 노인에게는 그 무엇보다 중요한 일이 마음의 평안이 아니겠는가? 나이가 들면 볼 것 안 볼 것을 가릴 줄 알아야 한다. 노안은 마음의 평안에 도움을 줄 수 있다는 점에서 하늘이 늙은이에게 주는 조그만 축복일지도 모른다는 생각이 들기도 한다.

경계가 뚜렷하여 밝고 모든 게 선명한 경치보다 흐릿한 경치가 더 좋아지는 것도 노안과 많은 관계가 있는 것 같다. 선명한 경치는 밝고 눈부심이 있지만 늘 마음에 부담과 소요를 준다. 하지만 경계가 허물어진 흐릿한 경치는 마음에 담담한 휴식과 적요를 준다.

초겨울의 아침은 희끗희끗한 서리 내려 항상 눈이 시리다.

시린 눈 들어 새벽을 바라보면 텅 빈 들판 위로 여명이 희뿌옇게 펼쳐진다. 산하가 깨어나기 직전 어디가 시선의 끝인지 가늠하지 못한다. 그 흐릿한 풍경 속에는 수수한 아름다움이 스며들어 있다.

초겨울의 저녁나절은 해가 지면 산이 이내 검게 변한다. 계곡 깊숙이 숨어있던 어둠살이 나무 밑에서 슬슬 기어 나온다. 어둠살이 들판과 마을 그리고 강을 삼키기 직전 산과들의 경계가 차츰 사라져간다. 이런 저뭇한 정경에는 가슴을 저미게 하는 쓸쓸한 아름다움이 배어 있다.

저승길 갈 때 우리 의식도 이와 같지 않을까? 너와 나를 구분하는 선명한 의식에서 하나 둘 경계가 허물어지고 차츰 흐릿하게 멀어져가는 게 아닐까? 그리고 어슴푸레한 길을 아득히 가다가 끝내 적멸로 사그라지지 않을까? 마치 저무는 강물이 어둠 속으로 사라지듯이 쓸쓸하지만 아름답게 사그라지지 않을까? 노년에 들면서 흐릿한 풍경이 더 마음에 와 닿는 것은 저승길 가는 풍경을 닮아서 그런 것은 아닐까?

선명함보다 흐릿함을 더 좋아하는 것을 사멸에 친숙해지는 징조라고 슬퍼할 게 아니다. 사멸은 보다 높은 성숙으로 이끄는 통로가 될 수 있기 때문이다. 저문 강물이 어둠 속으로 사라지듯 적멸로 사그라져야 희뿌연 여명으로 다시 깨어날 수 있지 않겠는가? 사멸로 가는 흐릿함 속에는 다음 생에 대한 그리움이 젖어 있다. 그래서 상상 속의 그 길이 아름다운 지도 모른다.

흐릿함이 아름다운 것은 보이지 않는 부분을 마음으로 채울 수 있어야 가능하다. 이는 심안의 성숙 없이는 불가능한 일이다. 하늘은 무심하지 않아 나이 들면 약해지는 육안을 대신할 심안의 시력을 자라나게 하는 모양이다.

철없던 어린 시절 나이 삼십을 넘기고는 살지 않으리라 다짐을 한 적도 있었다. 시든 꽃잎처럼 아름다움이 빠져 나간 초라한 노년의 추한 모습이 싫었다. 그리고 시든 노년의 삶은 아름다움과 즐거움이 없을 것 같았다. 어린 나에게는 그렇게 무미건조한 삶이 상상 속에서도 용서가 되지 않았던 것이다.

하지만 인생이란 흐릿한 안개 속을 여행하는 것과 같은 것이다. 보이는 것이 전부 다인 것 같지만 보이지 않는 것들이 더 많다. 가까이 가면 보이지 않던 또 다른 아름다움이 나타나고 저만치 떨어져 있는 흐릿함 속에는 또 다른 아름다움이 그리움으로 존재한다. 하지만 그땐 그것을 알지 못했던 것이다.

보일 듯 말 듯 하여 더 신비스러운 안개 그 너머에는 무언가 알 수 없는 전설이 있는 것 같다. 마음속으로 그리던 고향이 아니 이생에서 만나지 못하고 가보지 못한 미지의 세계와 사람들이 아직도 나를 기다리고 있는 것 같다. 흐릿함 속에는 만나지 못한 그리움들이 들어 있다. 흐릿함이 아름다운 것은 생략된 여백 속에 마음속 그리움들이 숨겨져 있어서가 아닐까?

諸相非相이면 卽見如來(보이는 것이 전부가 아님을 알 때 여래를 볼 수 있다.)라고 했다. 흐릿함을 아름답게 보는 일은 불성에 한 발짝 더 다가서는 일일지도 모른다.

겨울

11월, 그 쓸쓸한 아름다움

'아름다움'에 '쓸쓸한'이라는 표현을 사용해도 되는 것인가?

'아름답다'라는 말은 크기의 정도를 지칭하는 말에서 유래되었다는 이야기를 들은 적이 있다. 모든 것을 자연에서 수렵으로 취득하던 원시 시대 아무런 도구 없이 한 사람이 가장 크게 지니고 갈 수 있는 양이 한 아름이었다. 사냥감이나 자연 노획물을 묘사할 때 한 아름의 크기는 원시인에게 매우 만족스럽고 기쁨을 주는 크기였다. '한 아름답게 크다'에서 발전되어 '아름답다'라는 말이 생겨났을 것이라는 추론이다. 그래서 '아름답다'라는 말은 획득의 만족과 기쁨 등 좋은 느낌을 주는 대상에서 느끼는 정서일 것이다. 그런데 상실과 소멸로 야기되는 쓸쓸함에도 아름다움이 있는 걸까?

오늘 10월 달력을 떼었다. 성급한 마음은 달력이 한 장밖에 남지 않았음을 아쉬워한다. 그러나 아직 마지막은 아니다. 그래도 한 장이 남아 있지 않는가? 궁색한 위로를 해보지만 소멸의 쓸쓸함을 속일 수가 없다. 정작 마지막에는 소멸을 느끼지 못한다. 소멸을 느끼는 것은 그래도 아직 사라질 것들이 얼마간 남아 있을 때가 아니겠는가? 그래서 11월의 대명사는 소멸의 쓸쓸함이다.

브라질 파견 생활에서 돌아와 겨울을 처음 맞이한 그 해 11월 어느 날이었다. 4년 동안 겨울이 없는 곳에서 생활을 하다가 처음 맞는 겨울이 하도 신기하여 홀로 집 주위 야산을 올랐다. 인적 없는 산골짝의 비탈진 묵정밭 서걱거리는 억새 수풀을 지날 때였다. 갑자기 싸락눈이 내린다. 싸각싸각 싸락눈은 내리고 어디선가 단말마처럼 산꿩의 울음소리에 적막은 더욱 깊어진다. 회색빛 싸늘한 하늘은 앙상한 나목들 사이로 나지막이 내려앉았다. 마른 억새를 때리는 싸락눈 소리를 들으니 고적한 쓸쓸함이 무척이나 아름답구나 라는 생각이 뇌리를 스쳤다. 예전에도 산에 오르기도 했고 싸락눈도 맞아 보았지만 이런 가슴 저미는 듯한 쓸쓸한 아름다움은 느끼지 못했다. 오래간만에 겪어보는 겨울이 신선한 탓도 있었겠으나 내 나이가 이제 쓸쓸함에도 멋이 있고 아름다움이 존재한다는 것을 알 수 있는 나이가 되었는지도 모른다.

쓸쓸한 아름다움은 세월의 더께를 감내해야만 맛볼 수 있는 또 다른 미의 세계인지도 모른다. 젊었을 때는 추사가 그린 '세한도'를 보고 그렇게 가슴에 와 닿는 감동을 느끼지 못했었다. 서양화에서 보는 색깔의 미묘함도 없고 동양 수묵화가 가지는 절경의 산수 경치도 없었기에 그 그림을 희대의 명작이라고 하는 이유를 알지 못했다. "그림을 제대로 본다는 것은 삶을 통한 체험의 무게와 작품의 내면에 깊이 닿는 순간의 감동을 느낄 수 있어야 한다." 라고 경희대학교 천호근 교수는 말했다. 추사는 새로운 서체를 창안한 명필가이고 200년 전에 그린 오래된 그림이기에 국보로 지정했다는 것에는 수긍이 갔었다. 그러나 작품의 내면에 깊이 닿는 감동은 없었다.

추사의 나이 오십 아홉에 세한도를 그렸다고 했다. 삼 년 전 추사와 같은 나이에 나는 세한도를 다시 볼 기회가 있었다. 예전에는 느끼지 못했던 쓸쓸한 아름다움이 가슴에 절절히 느껴지는 것이 아닌가? 세한도는 변한 게 없는데 내가 변한 것이다. 나이 드는 것이 꼭 슬픈 일만은 아닌 것 같다.

일 년 열두 달이 저마다의 풍취와 특색들이 있고 우리가 살아가는 세월에는 어느 한 달도 만만하게 여기고 살 수는 없는 일이다. 하지만 11월은 나에게 가장 주목받지 못했다. 아니 가장 매력이 없는 달이어서 있는 둥 없는 둥 그냥 지나치는 달이었다.

봄의 시작과 함께 생명의 행진이 시작된다. 알록달록 꽃들의 터짐은 생명의 행진이 시작되었음을 알리는 축포와도 같은 것이다. 그렇게 꽃들의 축포로 시작된 생명의 행진은 강력한 태양의 비호 아래 6, 7, 8월 무한 질주의 시기를 지난다. 이 시기의 생명은 인간의 힘으로도 어찌할 수 없을 정도로 한껏 부풀어 오른다. 그리고 9월이 온다. 무한히 계속 될 것 같은 생명의 질주가 쇠락의 기미를 보이는 9월의 대명사는 서글픔이다. 9월에는 만물에 강하게 군림하던 햇볕의 색조가 미묘하게 변한다. 숨 막히던 무더위가 한풀 꺾여 다행이기는 하나 한편으로는 서글픔을 느낀다. 마치 강하기만 하던 가부장적인 아버지가 언뜻언뜻 기력이 쇠약해지심을 보일 때 자식들이 느끼는 서글픔이랄까.

10월은 생명이 소멸하기 전 고운 단풍으로 다시 한 번 화려한 잔치를 벌이는 시기이다. 윤회의 먼 길목에서 떠나기 전 앞길의 무운을 비는 마지막 축원 +의식을 야단스럽게 치른다고나 할까? 그래서 10월에는 지나온 날들의 풍성함과 앞날의 그리움이 함께하는 시기이다.

우리 의식의 캔버스에는 야단스럽고 즐거웠던 흔적만이 그려지는 것인가? 단풍의 화려한 아름다움으로 매료되어 단풍이 떨어지는 것을 아쉬워하던 우리들은 성탄절의 즐거움과 새해의 설렘으로 우리의 의식을 다시 채운다. 나는 단풍과 성탄절 사이에 또 하나의 계절이 있다는 것을 예전에는 의식하지 못했다. 흰서리가 내리고 고엽이 뒹굴고 바람이 잦은 쓸쓸한 계절, 그 아름다운 계절이 존재한다는 것을 나는 몰랐다.

쓸쓸함이 아름다운 것은 단순히 눈에 보이는 아름다움 때문만은 아닐 것이다. 쓸쓸함을 야기하는 상실과 소멸 속에 내재해 있는 철학적인의 어떤 정신과 맞닿아 있기 때문이 아닐까? 부족하고 가난한 가운데서 인생의 충만한 의미를 끌어내고, 조용하고 호젓한 상태를 통해 아주 깊은 철학적 의식을 경험하는 선비정신이 세한도에서 절절한 감동으로 살아난다.

정상을 지나 내려가는 길, 아직 끝은 아니라도 끝이 있음을 느낄 수 있는 시간, 소멸에 대한 꺼림칙함과 어색함을 가장 많이 느낄 수 있는 시간이 11월이다. 그럼에도 불구하고

11월이 아름다운 것은 저 비워진 들녘과 서리 맞은 앙상한 나무가 주는 철학적인 사유와 무관하지 않을 것이다. 시간의 흐름으로 생긴 늙음은 육체의 가난과 부족함이다. 육체의 가난과 부족함에도 인생의 충만한 의미를 끌어낼 수 있는 나이가 육십대 초반이 아닐까?

비워진 들녘에 뽀오얀 서리 내리고 소슬한 바람에 고엽이 뒹구는 11월은 육십대 초반의 내 삶처럼 적당히 쓸쓸하여 아름답다.

겨울산

— 제16회 전국 공무원 문예대전 수필부문 최우수작

신록이 몽실몽실 피어나는 봄산이 여성적이라면 앙상한 가지에 삭풍이 휘몰아치는 겨울산은 남성적이라 할 수 있다. 눈 내린 겨울산은 골짜기와 산등성이가 확연히 구분되어 힘줄이 툭툭 불거진 근육질 남성의 알몸을 보는 것 같은 아름다움이 있다.

올해도 어김없이 세밑이 다가온다. 어떤 일은 건너뛰기도 하고 빼먹기도 잘도 하건만 시간만은 어김이 없다. 해마다 연말연시가 되면 부산한 분위기 속에서도 추위가 기승을 부린다. 올해도 모든 걸 꽁꽁 얼어붙게 만드는 대기의 차가움이 겨자 맛처럼 코끝에 맵다.

매운 추위 속에서도 세상은 묵은 한 해를 보내고 희망찬 새해를 맞이하느라 부산을 떤다. 하지만 나에게는 세밑과 새해가 그리 유쾌한 시간들이 아니다. 한 해의 마지막 날은 하나밖에 없던 아들놈이 이세상을 하직한 날이기도 하기 때문이다.

아들놈은 왜 하필 그 해 마지막 날 세상을 떠난 것일까? 그 날 하루만 짧게 슬퍼하고 제야의 종소리에 모든 슬픔을 털어버리고 바로 희망찬 새해 첫날을 맞이하라는 아들놈의 알량한 배려였던가? 그게 더 잔인한 슬픔이 되는 줄을 부모가 되어보지 못한 아들놈이 어떻게 알겠는가?

아들 녀석이 죽은 지가 벌써 14년이 되었다. 부모가 돌아가시면 산에다 묻고 자식이 죽으면 가슴에다 묻는다고 했던가? 아들놈인들 떠나고 싶어 떠난 것이 아닌 줄 잘 알지만 이맘때만 되면 그놈의 빈자리는 가을 하늘같이 넓어지고 야속한 마음은 부질없는 욕심이 되어 가슴을 채운다.

부모보다 앞서 저세상으로 가는 자식놈은 천하에 몹쓸 불효자식이라고 치부하며 애써 잊으려고 노력한다. 하지만 해마다 세밑이 되면 쓸쓸한 슬픔은 앙상한 겨울 나목이 되어 내 마음에 들어와 자리한다. 일평생 자식의 죽음을 겪지 않는 사람은 무척이나 복 있는 사람임에 틀림없다.

아들놈이 이세상을 하직한 날은 눈발이 가끔 희끗희끗 날리는 아주 매섭게 추운 날이었다. 하지만 그 다음 날부터 거짓말같이 날씨가 풀려 봄날처럼 포근했었다. 그래서 장례 치르는 내내 별 불편함 없이 잘 치를 수 있었었던 것 같다.

제정신이 아닐 정도로 경황이 없었던 터라 잘 기억이 나지 않지만 주위사람들이 "날씨가 죽은 망자의 성품을 그대로 닮아 봄날같이 따뜻하다."라고 말하는 것을 들었던 것 같다.

아들놈은 소문처럼 매우 너그럽고 온화한 성품이었다. 죽을 때까지 부모로부터 큰소리치는 꾸지람 한번 들은 적이 없었다. 항상 환한 얼굴로 자신보다 남을 먼저 살피는 배려 깊은 놈이었다. 욕심이 없고 친구들을 너무 좋아해서 항상 손해만 보고 다니는 것 같아 아비인 내가 속상한 적은 있어도 본인은 아랑곳하지 않고 친구들을 좋아했다.

고등학교 2학년 때 발병하여 4년 동안 생사를 넘나드는 어려운 투병생활 끝에 세상을 떠났지만 장례식에 온 친구들이 오륙십 명 정도로 아주 많았다. 이걸 보아도 얼마 살지 않은 그놈의 인생이었지만 그 삶이 어떠했던가를 짐작하고도 남는다.

그렇게 착하고 해맑고 온화한 아들 녀석에게 어떻게 그런 몹쓸 병이 오게 되었는지 아직도 답을 찾을 수가 없는 일이지만 답을 찾는 일 또한 부질없는 일이라는 것을 이제야 어렴풋이 깨닫는다. 삶이란 답이 없다는 것을, 답을 찾는 것이 삶이 아니고 그냥 하루하루를 열심히 사는 것이 삶이라고 아들놈이 일깨워주지 않았던가?

아들 장례를 치르고 나니 앞이 캄캄했다. 어떻게 살아갈 것인가? 하지만 정신을 차려야 했다. 여기서 가장인 나까지 무너지면 우리 집안은 풍비박산이 날 것 같았다. 아내는 이미 무너질 대로 무너져 있었다. 더 이상 무너지지 않도록 버티고 추스르고 회복할 일만 남았을 뿐 더 이상 무너지면 이 세상에서 영영 볼 수 없는 사람이 될 것 같았다. 슬픔과 화를 이기지 못하고 수시로 혼절하여 응급실로 실려 가기 일쑤였고, 딸아이는 엄청난 슬픔에 말수가 적어지고 수시로 혼자서 훌쩍인다. 과도한 슬픔이 딸아이의 영혼까지 비틀어버리지 않도록 나는 조심스레 기도할 뿐이었다.

나도 울고 싶었다. 가슴에 꽉 막힌 그 무엇인가를 토해내고 원 없이 대성통곡을 하고 싶었다. 하지만 나는 울 수가 없었다. 내가 울음으로 무너지면 간신히 버티고 있던 아내와 딸아이의 가슴이 슬픔으로 터져버려 돌이킬 수 없는 지경이 되고 말 것만 같았다. 그래서 참고 또 참았다.

시간은 슬픔을 치유하는 묘약이던가? 얼마간의 시간이 지나고 간신히 버텨온 아내와 딸아이가 슬픔을 제힘으로 추스르기 시작할 무렵 나는 그동안 별러 왔던 일을 행하려고 겨울산을 찾았다. 아무도 없는 곳에서 맘껏 소리 내어 울기 위해서 산을 찾은 것이다.

멀리서 보는 겨울산은 살을 에는 듯한 차가운 바람에도 의연하고 믿음직스러워 내가 그 속에 안겨 대책 없는 나의 슬픔을 토해내고 원도 한도 없이 울어도 좋을 것 같았다.

자동차를 세우고 마을을 지나 얼마를 올랐을까? 숨이 차고 다리가 뻐근하다. 주위를 둘러보니 지난 가을 대대적인 벌목이 있었는지 계곡 한쪽 비탈은 여기 저기 벌목의 상처가 심하다. 늦가을까지 벌목을 하고 미처 거두어 가지 못한 나무의 아름드리 시신들이 여기저기 흩어져 눈을 맞고 있다.

나무는 산의 자식이다. 아니 산에서 생명줄을 이어가는 뭇 생명들 중 산의 자식이 아닌 것이 또 어디 있겠는가? 저렇게 처참한 꼴을 당했으니 산도 나처럼 매우 아팠겠구나. 듬성듬성 벌목해 낸 부위가 마치 사내아이 머리에 돋는 쇠버짐처럼 하얗다. 아직도 참혹한 살육의 증거인 듯 송진 냄새가 물씬 풍겨온다. 하지만 겨울산은 아무 말이 없다. 계곡을 휘몰아쳐 불어오는 한줄기 차가운 바람만 뺨을 스칠 뿐 말이 없다.

허옇게 얼어붙은 개울 옆 바위에 앉아 숨을 고르니 주위가 적막하다. 이제 숨도 평안하고 주위도 고요하여 울음을 분출하기에는 더 없이 좋을 터였다. 그런데 아니 이것이 어떻게 된 일인가? 울고 싶은데도 울 수가 없다. 남들이 보는 곳에서 참고 참았던 그 서러움은 다 어디로 갔는지 악을 쓰고 몇 번 고함을 쳤지만 메아리만 돌아올 뿐 눈물이 나지 않는다.

얼마를 지났을까? 등에 나온 땀이 식어 오싹함을 느낄 즈음 나는 분명히 들었다. 겨울산이 고요함 속에서 웅웅거리며 우는 소리를, 안으로 흐느끼는 산의 속울음 소리를 들었던 것이다. 아주 희미하지만 나지막하게 누가 들을까봐 두려운 듯 들릴 듯 말 듯 조용히 우는 소리였다. 눈물을 안으로 삼키고 속으로 울고 있는 겨울산을 나는 몰래 보았던 것이다.

하얗게 눈을 뒤집어쓰고 헐벗은 표피로 매서운 바람을 맞고 있는 겨울산, 멀리서 바라보면 더 없이 의젓하고 믿음직스럽고 근엄해 보이지만 겨울산도 속으로 울고 있었던 것이다.

떠오르는 일출의 황금빛 장엄함도 안아보고, 스러져가는 낙조의 붉은 노을빛도 등에 걸쳐 보고 백설의 은빛 풍성함도 온몸으로 받아 온 겨울산이었지만 비탈 하나 허허롭게 비워주고 남몰래 속으로 울고 있었던 것이다. 그게 바로 겨울산이었던 것이다.

이제 곧 하얀 얼음장 밑 땅 속 저 먼 곳에서부터 봄이 오리니. 몰래 우는 겨울산의 저 울음 때문에 개울가 버들강아지와 바위틈 진달래가 찬란한 봄을 맞이할 수 있는지도 모른다. 겨울산이 참아내는 서러움이 크면 클수록 그 해 봄은 더욱 더 찬란히 펼쳐지는지도 모를 일이다.

겨울산은 멀리서 볼 때 더 아름답다. 싸늘한 하늘아래 확연 부동의 자세로 태고의 적요를 머금고 의연히 서 있는 겨울산은 슬픔을 안으로 삭이며 울음을 참고 있는 고독한 아버지를 닮아 더 멋있어 보인다.

자식의 죽음을 바라본 모든 아버지들은 겨울산이 된다.

그리움으로 물든 젊음은 아름답다

— 김천여중 교지 인사말

오늘 아침 일출을 바라보았습니다.

태양이 떠오르기 전 여명 속에서 서서히 붉어지는 동녘 하늘이 너무나 아름다웠습니다. 검은 산을 배경으로 붉음의 농도가 점점 짙어지다가 마침내 붉은 빛을 떨치고 태양이 산 위로 고개를 내미는 광경은 아름다움을 넘어 옷깃을 여미게 하는 장엄함이 깃들어 있었습니다.

인생을 하루 시간에 비교한다면 태양이 산 위로 솟아오르는 일출 직전의 시간이 바로 여러분의 시간이 아닌가 합니다. 태양이 산 위로 솟아올라 어둠을 몰아내고 세상을 밝게 비추듯이 언젠가는 여러분들도 저 넓은 세상으로 솟아올라

밝게 빛나야 할 것입니다. 하지만 지금은 빛나야 할 시간이 아니라 물들 시간입니다. 태양이 산 밑에서 하늘을 붉게 물들이듯이 여러분은 그리움으로 물들어야 할 시간입니다.

여러분! 청소년시절에는 가슴속에 그리움이 많아야 합니다. 미래를 애타게 그리워하십시오. 미래에 내가 해야 할 일을 그리워하고, 미래에 내가 만날 사람을 그리워하고, 미래에 내가 여행할 나라를 그리워하고, 미래에 내가 만들 세상을 그리워하십시오.

그리움은 현실의 어려움을 참아내는 가슴속 불씨가 됩니다. 춘향이로 하여금 힘든 옥중생활을 견디게 만든 것도, 여린 백목련 꽃봉오리가 엄동설한을 견뎌내는 힘도 바로 이 애틋한 그리움이 아니겠습니까? 현실이 어려워 고민하고, 방황하고, 눈물은 흘릴지라도 가슴속 그리움만은 더욱더 짙게 물들이길 바랍니다.

일출 전 동녘 하늘의 붉음이 짙으면 짙을수록 태양이 더 밝게 빛나듯이 청소년 시절 미래에 대한 그리움이 더 짙게 물들면 물들수록 여러분의 미래는 더 밝아질 것입니다.

일출 전 붉게 물든 동녘 하늘이 아름답듯이 그리움으로 물든 젊음은 아름답습니다.

바보들의 행진

'사랑과 영혼'이라는 미국에서 만든 영화가 있다. 1990년도에 제작된 영화로 데미 무어와 패트릭 스웨이지가 주연이었다. 열렬한 사랑은 죽어 영혼이 되어도 변치 않는다는 내용으로 많은 사람들에게 사랑을 받은 영화였다. 그러나 영화평론가들이 그렇게 좋은 점수를 매기는 영화는 아닌 것 같다. 하지만 나는 이 영화를 최고의 영화로 꼽는 데 주저함이 없다. 그 이유는 아내가 처음부터 끝까지 본 첫 번째 영화이기 때문이다.

이 세상 누구도 모든 방면에서 다 잘할 수는 없다. "저 사람은 도대체 못하는 게 없어."라고 칭찬 일색인 사람도 의외의 방면에는 문외한인 경우가 있다. 어떤 사람은 운동 기능은 우수하면서도 노래를 못하는 음치가 있는가 하면, 노래는 잘 하면서도 음식 솜씨는 젬병인 여자들도 있다. 하지만 아내는 음식솜씨도 일품이고 운동 기능도 우수하고 특히 목소리가 좋고 박자감이 뛰어나서 노래를 아주 잘한다. 부부동반 노래방이라도 가는 날이면 인기를 독차지한다. 그런데 영화감상은 별로 좋아하지도 않고 소양도 없는 것 같다. 내가 박자를 잘못 맞추는 박자치이듯이 아내는 영화감상치인 것 같다. 왜냐하면 도대체 잠이 와서 영화를 끝까지 다 보지 못한다는 것이다.

그런 아내가 끝까지 다보고 눈물까지 흘린 영화가 '사랑과 영혼'이라는 영화다. 얼마나 훌륭한 영화인지 짐작이 갈 것이다. 요즈음은 간혹 좋은 영화가 개봉되면 한 번 보러 가자고 먼저 제의하는 걸 보면 그 당시 아내가 영화를 좋아하지 않았다기보다 아내의 영혼을 사로잡는 좋은 영화가 없었다는 게 더 설득력이 있는지도 모른다. 그러나 젊었을 때, 특히 나와 연애하던 시절에는 영화를 별로 좋아하지 않았던 것 같다.

1975년 대학을 졸업하고 군 입대 휴직 전 4개월 동안 봉화 소천중학교에서 근무할 때이다. 주말이면 봉화와 부산을 오가며 아내와 연애에 한창 열을 올리던 시절이었다. 군 입대

날을 며칠 앞두고서 부산 서면 부전극장에서 마지막으로 아내와 함께 영화를 봤다. 물론 영화 보는 것을 달가워하지 않는 아내를 설득해서 본 영화였다. 그 당시 한창 인기리에 상영 중인 '바보들의 행진'이라는 영화였다. 인기소설가 최인호 작가의 원작을 하길종 감독이 메가폰을 잡고 만들었다. 대학생들의 사랑과 이별, 그리고 젊음의 방황과 좌절을 그린 작품이다. 그 영화 내내 배경음악으로 나오던 '고래사냥'과 '왜 불러'는 영화보다 더 유명해진 노래가 되었다.

그 영화의 압권은 마지막 장면이라고 한다. 아직도 인터넷에 그 마지막 장면 동영상이 자주 떠돌고 있는 걸 보면 명장면은 세대를 뛰어넘는 공감성이 있는가 보다. 철학과 대학생인 두 남자 주인공 병태와 영철은 각각 불문과 여학생인 여자 주인공인 영자와 순자를 미팅에서 만나 사귀게 된다. 시간이 흐르자 앞날이 불확실한 남자들에게 믿음을 갖지 못하는 여자들은 헤어질 것을 알린다. 낙담한 영철은 평소 꿈꾸던 고래를 잡기 위해 동해바다 절벽으로 자전거를 타고 뛰어내리고 병태는 머리를 빡빡 깎고 입영열차에 몸을 싣는다. 뒤늦게 병태의 입영소식을 듣고 작별인사를 하기 위해서 찾아온 영자는 안타까운 마지막 대화를 차창을 통해 나눈다. 하지만 입영열차는 출발한다. 열차가 서서히 움직이기 시작할 때 영자가 열차 창문을 통한 점프키스를 시도하는 장면이 마지막 장면이다.

나는 가슴이 미어터지는 것 같았다. 나 역시 며칠 후면 저 병태처럼 입영열차를 타고 군에 입대해야 한다. 한숨이 나온다. 눈가에 맺히는 눈물을 몰래 손으로 찍어 훔치며 울고 있을 아내를 위로해 주려고 아내를 쳐다보았다. 차마 그 장면을 눈 뜨고는 못 볼 것 같아 눈을 감고 있는 걸까? 하지만 아내는 야속하게도 끄떡끄떡 졸고 있었던 것이다. 억장이 무너지고 있는 나의 마음을 조금도 헤아리지 못한 채 태평스럽게 졸고 있는 아내가 나는 몹시도 섭섭했다. 하지만 그 섭섭한 마음을 아내에게 표현할 수는 없었다. 그 당시 아내는 '갑'이고 나는 '을'이었기 때문이다. 그리고 몰래 섭섭하면서도 불안한 마음을 갖고 군대를 갔다가 무사히 제대를 했다.

3년을 잘 기다려 준 아내와 결혼을 하고 아이도 낳았다. 남들처럼 행복한 결혼생활을 하던 중 나무꾼이 선녀 아내에게 날개옷 감춘 것을 말해 주듯이 조심스레 그 때의 야속함과 섭섭함을 들려주었다. 아내는 대단히 미안해하면서 자기도 그 장면을 꼭 보고 싶다고 했다.

그리고 또다시 몇 년이 흘렀다. 어느덧 우리 부부도 중년이 되어 있었다. 그러던 어느 날 기회가 왔다. 풋풋했던 우리의 사랑을 다시 함께 느낄 수 있는 좋은 기회였다. KBS TV의 '흘러간 명화'라는 프로에서 '바보들의 행진'을 재방영한다는 예고가 나왔던 것이다. 재방영 당일에는 일찌감치 아이들을 재우고 소주도 한잔씩 마셨다. 그리고 나란히 누워서 그 영화를 설레는 마음으로 감상했다.

장발단속과 통행금지, 흰 팬티를 입고 나란히 서서 받는 신체검사, 회비 2000원의 단체 미팅 티켓, 포장마차, 음악다방 등 젊었을 때의 풋풋한 추억들을 되새기며 서서히 우리는 영화 속으로 빨려 들어갔다. 특히 문과대 술 마시기 대회에서 병태가 그 많은 술을 마시고도 바늘귀에 실을 제일 빨리 꿰어 1등을 했을 때 우리는 통쾌한 건배로 맥주 한 캔을 더 마셨다.

드디어 마지막 장면이다. 입영열차는 서서히 출발하고 차창을 통해서 대화를 나누던 병태와 영자는 아쉬움에 서로 키스를 하려고 한다. 하지만 영자의 키가 작아 닿지 않는다. 영자는 폴짝폴짝 뛰어보건만 잘 되지 않는다. 이를 보다 못해 한 헌병이 다가와 영자를 안아 올려 둘이는 짧은 시간이나마 키스를 하게 된다. 뭉클한 감동을 받은 나는 아내의 손을 살며시 잡으며 "여보, 바로 저 장면이야." 말하면서 아내를 돌아보았다.

감동이 너무 깊어 눈을 감고 있는 걸까? 아니, 쌔근쌔근 숨소리를 나지막하게 내며 아내는 또다시 자고 있었던 것이다. 병태의 승리에 기분 좋다고 맥주 한 캔 더 마신 것이 문제였다. 술이 약했던 아내는 너무 과한 술 때문에 잠이 들어버린 것이다.

그때 이후로 우리 집 상황은 바뀌었다. 나는 '갑'이 되고 아내는 '을'이 되었다. 갈등의 중요한 순간만 되면 나는 항상 "바보들의 행진!" 하고 크게 외친다. 그럴 때면 아내는 영락없이 자기 주장을 접고 나에게 바보가 되어준다. 아내는 젊었을 때의 풋풋했던 우리의 사랑을 아직도 마음속에 고이 간직하고 싶었던 게다. 그리고 그 마음이 얼마나 절절했으면 영화 장면 두 번 놓친 일이 무슨 큰 죄라도 되는 양 무던히 바보가 되어 주었겠는가? 나는 또 그런 아내가 고맙기도 하다.

어쩌면 우리는 서로에게 바보인지도 모른다. 아내와 내가 처음 만난 것이 내가 고등학교 2학년 때인 1968년도이니 만난 지 반세기가 다 되어 간다. 이 사실을 아는 주위 사람들은 우리를 보고 천연기념물이라고 놀려 댄다. 거의 반세기 동안이나 변하지 않고 한결같은 마음으로 한 사람만 고집해온 우리들은 바보일지도 모른다. 우리는 46년간 우직하게 '바보들의 행진'을 해온지도 모른다. 모두들 바보가 되지 않으려고 발버둥치는 세상에서 바보로 사는 일이 어디 쉬웠겠느냐만 기쁨과 슬픔이 넘나들어도 변하지 않는 맑은 마음 하나 유지해온 게 대견하다.

오늘도 '바보들의 행진'은 계속된다.

어머님 제사

“오늘 어머님이 오실까?”

“먼 브라질까지도 오셨는데 왜 안 오시겠어요?”

제사상을 차리며 아내와 주고받은 말이다. 내가 상파울루 한국교육원장으로 4년간 브라질 상파울루에서 파견 근무할 때도 부모님 제사를 모셨다. 언어와 문화가 다른 낯선 이국 땅에서 제사 모시기가 쉬운 일이 아닐 것인데도 시부모님 제사를 정성껏 모셔온 아내다.

아버님 어머님께서 한국에서 드시지 못했던 브라질의 희귀한 과일들도 맛보셔야 한다며 제사상을 늘 푸짐하게 차리곤 했다. “한국과 지구 반대편에 있는 이곳 브라질까지 영어도 잘 모르시는 어머님이 찾아오실까?"라는 나의 말에 "귀신같이 잘 찾아오실 거예요."라고 대답하면서 아내는 조금의 소홀함도 없이 정중하게 제사를 준비하곤 했었다.

오늘은 어머님 제삿날이다. 작년 유월에 이 집을 지었으니 새집 짓고 두 번째 제사이다. 작년 새집에서 처음 제사 지낼 때 "아버님, 어머님 그동안 매우 고단하시고 혼란스러웠지요? 김천에서 구미로, 죽변으로, 브라질로, 상주로, 다시 김천 근교인 이곳으로 모시고 다녔으니 매우 혼란스럽고 성가셨을 겁니다. 하지만 이제 오래도록 살 전원주택을 짓고 이곳으로 모셨으니 매년 마음 편히 이곳으로 오시어 느긋하게 흠향하시옵소서."라고 말씀을 드렸으니 오늘은 별 혼란스러움이 없으실 것이다.

부모님 제사를 우리 집에서 모신 지 벌써 십오 년째다. 형님이 위암 말기 판정을 받고 서울 병원으로 입원하러 올라가실 때 경황이 없다고 맡기시더니 형님이 돌아가시자 형수님이 극구 주장하셔서 내가 맡은 제사이다. 딸만 다섯 있는 형님네가 제사를 지낼 수 없다고 완강하셨다. 딸만 다섯 낳은 형수님은 아들 못 본 구박을 많이 하신 어머님이 못내 서운하셨던 모양이다.

형님네가 부모님 제사를 모셔야지 그래도 일 년에 한두

번씩이라도 우리 내외가 형수님을 뵙기도 하고 질녀들과도 정이 끊어지지 않고 한집안이라는 일체감이 느껴지지 않겠느냐고 일체 비용을 댈 터이니 제사를 모셔달라고 부탁을 했건만 완강하게 거절하셨던 형수님이었다. 형수님은 삼십삼년 동안 제사를 모셨던 불편스러움을 털어버리는 시원함을 맛보았겠지만 나는 형님을 두 번 잃는 듯한 서운함을 맛보아야 했다.

제사를 모셔올 때 우리 집에서도 정신 차리지 못할 우환이 있었다. 나의 아들 녀석도 중병을 앓고 있었던 것이다. 형님과 나 단 두형제의 슬하에 남자 손으로 유일하던 나의 아들자식이었다. 끝내 그 아들자식도 형님보다 두 달 먼저 저세상으로 가고 남자라곤 나 혼자 남았다. 그래서 나 혼자 15년 동안 제사를 모셨다. 처음 한두 해는 형수님과 질녀들이 참석하기도 하고 아니면 전화라도 했지만 전화 한 통화 없는지가 10년이 넘었으니 시부모님 제사가 지나가는지 오는지도 모르시고 있는 것 같다.

근래에는 누님과 여동생이 참석하여 함께 모신 적도 있었지만 대개가 아내와 단 둘이 쓸쓸히 지내기 일쑤였다. 누님은 대전에 사시니깐 멀어서 그렇다손 치더라도 여동생 녀석은 가까이 살면서 참석할 법도 한데 혼자일 때는 자주 오더니 재혼하니깐 사는 것이 그리 만만치가 않은지 막내에 대한 애틋한 어머님 사랑을 잊은 건지 전화 한 통화 없다.

제사는 무엇 때문에 지내는가? 저승에 계신 부모님에게 복을 빌기 위해서인가? 돌아가신 부모님을 기리고 부모님의 삶을 통해 보여주셨던 인생의 의미를 반추하고 내 인생을 돌아보기 위해서인가? 아니면 관습이니깐 그냥 지내는 것인가?

아들자식만 제사를 모셔야 하고 참석해야 할 의무가 있다는 게 과연 옳은 말인가? 딸자식은 제사를 지낼 의무가 없다면 딸자식 하나밖에 없는 나와 아내의 제사를 누가 지낼 것인가? 답이 없는 물음을 해본다. 아내와 둘이 지내는 제사가 이제는 이력이 나서 아무렇지도 않을 법도 한데 오늘따라 무척 쓸쓸하고 마음은 그믐달처럼 어둑해진다.

어머님 지방을 쓰다 말고 어머님과의 마지막 작별의 순간을 떠올려본다. 봉화에서 교사로 재직 중이었다. 중병으로 자리보전하시는 어머님이 위독하시다는 연락을 받고 버스로 네댓 시간 걸려 달려오기를 여러 번 반복하였다.

그날도 며칠 동안은 괜찮을 것이라는 형님 말에 급한 학교일 때문에 봉화로 오후 늦게 올라갔는데 그 다음날 아침에 돌아가셨다는 연락을 받았다.

허겁지겁 다시 돌아와 어머님을 뵈올 때는 숨을 거두신 지 이미 오래 되었다. "엄마!" 하고 싸늘하게 식은 어머님의 손을 잡았을 때 마치 만지지 못할 것을 만지기라도 한 것처럼 멈칫 놀라고 말았다. 손을 이마에 대어 보았으나 싸늘하고 섬뜩하기는 매 마찬가지였다.

산 자와 죽은 자의 사이가 얼마나 멀고도 깊은지 부모 자식 간의 사랑도 그것으로 끝이었다. 그 후로는 눈에서는 뜨거운 눈물이 쏟아지지만 차마 어머님 살갗에 손을 댈 엄두가 나지 않아 손 한번 다시 잡아주지 못하고 어머님을 그렇게 보내야 했다.

지금 생각하니 너무나 후회스럽다. 그때 어머님 볼에 내 볼을 부비며 마지막 가시는 어머님 귀에 사랑한다고 그리고 고맙다고 말하지 못한 것이 지금은 깊은 회한으로 남아 가슴을 아리게 한다.

우리 어머님은 평생 고생만 하시고 돌아가셨다. 남자로서도 하기 힘든 어려운 노동일을 하시면서도 평생을 자식 교육 때문에 입을 것 하나 먹을 것 하나 변변하게 챙기시지도 못하셨다. 큰아들에게는 가난해서 포기했던 대학 진학을 작은 아들인 나에게는 꼭 이루고야말겠다는 일념 하나로 그 오랜 세월 허리띠를 졸라매신 어머님이셨다.

이제 겨우 작은아들이 대학을 졸업하여 교사가 되고 그토록 기다리시던 손자까지 보았는데 덜컥 중병에 걸리시게 되다니. 그 모진 병과 씨름하시다가 한 번도 마음 편히 즐거운 생활을 해보시지도 못하고 남들은 칠십, 팔십까지 잘도 사시는데 고작 육십을 갓 넘긴 나이에 돌아가시고 말았다.

말문을 마지막으로 막으시기 전날 저녁 소주 한 병을 몰래 마시고 노래 한 곡을 구슬프게 부르시고 주무셨는데 그 다음 날부터 눈을 감으시고 말문을 막으셨다고 했다. 어떤 노래를 불렀을까? 아마도 어머님이 생전에 자주 부르시던 이 노래가 아닌가 추측된다.

"황성 옛터에 밤이 되니 월색만 고요해,
폐허에 설운 회포를 말하여 주노라.
아 가엽다 이내 몸은 그 무엇 찾으려고
끝없는 꿈의 거리를 헤매여 왔노라.

성은 허물어져 빈터인데 방초만 푸르러
세상이 허무한 것을 말하여 주노나
아 외로운 저 나그네 홀로 잠 못 이뤄
구슬픈 벌레소리에 말없이 눈물져요.

나는 가리라 끝이 없이 이 발 길 닿는 곳

산을 넘고 물을 건너서 정처가 없어라
아 괴로운 이 심사를 가슴 깊이 묻고
이 몸은 흘러서 가노니 옛 터야 잘 있거라."

왕평 작사, 전수린 작곡에 남인수가 노래한 '황성옛터'라는 노래이다.

어머님은 삶이 팍팍하고 그 고비를 넘어 가기가 고단하다고 느끼실 때 약주 한 잔 하시고 이 노래를 자주 부르곤 하셨던 것 같다. 내가 이 노래를 따로 배우지 않았지만 그 가사를 어렴풋이 외우고 있었으니 말이다.

이 노래를 부르실 때 어머님 마음은 어떠했을까? 마지막 길을 가시기 전 "인생은 한낱 꿈길을 헤매는 것과 같다."라는 메시지를 주시려고 하신 걸까? "그 무엇 찾으려고 끝없는 꿈의 거리를 헤매어 왔노라." 그 가사 의미가 목에 걸린 생선 가시처럼 뜨끔 뜨끔 가슴을 찌른다. 어머님은 그 무엇을 찾으시려고 꿈같은 인생길을 헤매어 오셨단 말인가? 왈칵 눈물이 솟는다.

이제 나도 인생의 허무를 알 만한 나이가 되었단 말인가? 예전에는 어머님이 술에 취해 부르시는 단순한 노래로만 들리더니 이제는 그 가사 하나 하나가 주는 의미들이 마음속에 깊은 울림으로 메아리친다.

향에 불을 붙이고 술잔을 올린다. 어머님이 술을 좋아 하셨으니 잔에 철철 넘치도록 술을 따르라고 아내는 주문한다. 절을 올리며 "어머님! 사랑합니다! 고맙습니다!"라고 마음속으로 여러 번 외쳐본다. 마지막 작별할 때 차가운 볼을 부비며 어머님 귀에 대고 했어야 했던 그 말을 이제야 눈물과 함께 올린다.

마지막 절을 올리고 향불과 촛불을 끈다. 아내가 음복 술잔을 비우고 탕국 맛을 보더니 탕국 맛이 제대로 났다며 어머님이 기분 좋게 흠향하신 것 같다, 라고 말한다.

지방을 떼어 대문간에서 사르기 위해 밖으로 나갔다. 차가운 바람에도 별들이 초롱초롱하다. 별똥별 하나가 북쪽으로 가로질러 떨어진다.

지방을 사르고 나서야 나도 어머님이 다녀가셨다는 것을 이내 알았다. 라이터로 불을 대자마자 급한 어머님 성격처럼 지방은 순식간에 후루룩 타버리고 재도 남지 않는다. 어머님 성격을 그대로 닮았다. "이봐 꼭 어머님 성격처럼 지방이 급하게 타버리고 마는 걸 보니 어머님이 정말 오셨던 게야." 나의 말에 아내가 고개를 끄덕이며 환하게 웃는다. 어머님은 또 그렇게 돌아가시는 길이 급하셨던 모양이다.

성질 급하신 우리 어머님 일 년 만에 찾아오신 작은아들

집에서도 느긋하지 못하시고 아마 지금쯤 도래솔 사이로 난 눈길을 뽀드득 뽀드득 밟으시며 치맛자락 휘둘러 잡고 서둘러 고갯마루 넘고 계시리라. 내년에 또 만나자고 손 흔들며 산모롱이 아롱아롱 돌아서 급히 가고 계시리라.

우두커니와 물끄러미

오래간만에 걸어보는 서울 거리다. 올 때마다 느끼는 것이지만 서울의 거리는 항상 나에게 낯설게 다가온다. 게다가 오늘은 겨울비까지 내려 이방인의 마음을 더욱 쓸쓸하게 만든다. 싸늘한 잿빛하늘이 곧 하얀 눈이라도 내려 어설픈 마음을 달래줄 법도 한데 추적추적 차가운 비만 내린다. 서울 하늘도 촌놈인 나를 낯가림하는 것인가?

사람들은 모두들 어디로 가는지 바쁘게 걸어가고 있다. 서둘러 걷는 모습이 모두들 중요한 볼일이 있는 모양이다. 볼일을 예상외로 일찍 마치고 귀향기차를 기다리는 나만 한가로운 놈인 것 같다. 모든 것이 바쁘게 돌아가는 서울에서 갖는 몇 시간의 여유가 이리도 푸근한 자유를 주는 것인가?

어디로 갈 것인가? 서울역사에 붙어있는 백화점 생각도 났지만, 이 아까운 시간을 백화점 아이쇼핑으로 낭비하고 싶진 않았다. 아이쇼핑은 아내와 함께 왔을 때 아내를 위한 배려로 남겨두기로 했다. 문득 덕수궁 돌담길이 생각났다. 홀로 한 번 걷고 싶었던 길이었다. 서울 올 때면 항시 시간에 쫓기고 동행자 때문에 엄두를 못 냈던 일이다. 오늘은 나 혼자만의 홀가분함에 비까지 오지 않는가? 겨울비 내리는 오후 고궁 돌담길을 걸어보는 것은 겨울비의 쓸쓸함을 즐길 수 있는 꽤나 운치 있는 일이 될 것 같다. 그것도 분주하고도 복잡한 서울의 한복판에서 한가로움을 즐긴다는 것은 다소 통쾌한 일이 되지 않겠는가? 싸늘한 겨울비가 내리는 오후 고궁 길을 걷다가 어느 커피 집에서 향기 좋은 에스프레소 한 잔을 마시는 일은 생각만 해도 가슴이 훈훈해진다.

지하철을 탔다. 거리가 가깝지만 시간 절약과 길 찾는 번거로움을 덜기 위해 한 정거장만 타고 가기로 했다. 무심코 탄 지하철이 이렇게 붐빌 줄이야. 갑자기 비가 내려서 그런지 무척 복잡하다. 타기는 요행히 밀려서 탔으나 내릴 일이 걱정이다. 벌써 입구에서 떠밀려 객차 중간까지 와 있다. 다음역이 내려야 하는 시청역이라는 차내 방송이 나오지만 인간의 벽을 내 몸으로 뚫고 출구에 도달하는 것은 애당초 불가능한 일이었는지도 모른다. 여러 번 출구 쪽으로 나아가려고 몸을 움직여 보았지만 그 반동인지 더 꽉 조여온다. 출구가 열리고 사람들이 내리고 다시 새로운 사람들이 밀려들어오기 전 잠시 느슨해졌지만 내린다고 소리치며 사람들을 밀치며 헤집고 나갈 용기가 나지 않았다. 시청역에서 내리는 걸 포기했다.

비 내리는 덕수궁 돌담길의 고즈넉한 낭만도, 에스프레소 커피 한 잔의 따뜻한 위로도 나에게는 사치인가? 바쁜 서울은 한가한 촌놈이 여유부리는 꼴이 못내 보기 싫었던 모양이다. 다음 역인 종각역에서 많은 사람들이 내린다. 나도 떠밀려서 내렸다.

어디로 갈 것인가? 다시 고민이다. 마침 종각역 근처에서 근무하는 후배 생각이 났다. 항상 자신감에 차 있고 활기찬 모습의 후배이다. 동기생 모두가 부장에서 퇴직했는데 하늘의 별따기인 이사 승진을 한 후배였다. 분주하고 부산한 여러 개의 사무실을 통과하고 후배 방 앞에 다다랐다. 막상 문을 노크하려고 하니 문이 빼꼼히 열려 있다. 서류뭉치들과 씨름하며 골몰하고 있는 후배에게 놀라움의 신선한 충격을 주고 싶었다. 그리고 나의 한가로움을 으스대며 탁류의 소용

돌이에서 잠시 구조해 준다는 생색을 낼 요량이었다. 살며시 문을 밀었다. 하지만 예상과는 달리 후배는 회전의자를 돌려 창밖을 한가롭게 내다보고 있었다. 책상 위에는 결재서류가 놓여 있는 걸 보아 서류검토하다 말고 창밖을 내다보는 것 같다.

내가 문 안으로 들어섰지만 알아차리지 못했다. 우두커니 앉아 창밖을 물끄러미 바라보고 있었다. 나는 걸음을 멈추고 한참을 지켜보았다. 후배의 그 모습이 얼마나 진솔하고 천연하게 보였던지 그 순간이 아름답고 숭고하게까지 느껴졌다. 그 아름다운 시간을 내가 허물 수는 없었다. 잠깐 망설이다가 살며시 다시 돌아 나왔다.

우두커니 앉아 물끄러미 창밖을 바라보는 후배의 그 모습을 보니 내가 느꼈던 그 숨막히는 서울의 어수선함은 어디로 가고 모든 게 차분하게 정돈되는 듯 가슴속 시원함을 맛보았다. 바쁘게 오가는 발길들의 성급함도, 체면을 짓이기는 지하철속의 복잡함도, 정신을 차릴 수 없는 사무실의 분주함도 일시에 차분하게 가라앉는 고요를 느꼈다.

비 내리는 고궁 길을 걸으며 나의 한가로움을 뽐내고 서울의 분주함을 비웃어보려 했던 내가 부끄러웠다. 분주한 서울의 한복판에서도 저리도 천연스럽게 차분한 본연으로 돌아갈 수 있는 것인데 서울의 복잡함과 어수선함만을 탓할 수 없지 않는가? 복잡하고 어수선한 것은 서울이 아니라 내 자신의 마음이었던 것은 아닐까? 다들 탁류처럼 떠밀려 정신없이 가고 있는 것 같지만 저런 방식으로 제자리를 찾는 모양이다.

유레카! 머릿속에 한 생각이 섬광처럼 떠오른다. 바로 이거야! '우두커니와 물끄러미!' 바쁘게 질주하는 현대생활의 번잡함 속에서 휘둘려 매몰되지 않고 자신의 본 모습을 간직할 수 있는 비결이 바로 '우두커니와 물끄러미'가 아닐까?

먼저 우리는 때때로 우두커니 설 줄 알아야 한다. '우두커니'라는 말은 '우뚝허니'에서 변화된 말로 생각된다. 이는 흐름을 따라가지 않고 잠시 멈춰 서는 것을 말하는 것이리라.

미국 플로리다주에서는 경마보다도 사냥개 경주가 더 인기가 있다고 한다. 4백 미터 트랙을 실제 토끼처럼 분장하고 실제 토끼 냄새를 묻힌 로봇토끼의 뒤를 사냥개들이 쫓는 경기이다. 4백 미터 트랙을 몇 바퀴 돌고 결승점에서 승부가 결정나지만 속도조절장치를 한 로봇토끼를 사냥개들이 잡을 수는 없다. 그러던 어느 날 아주 재미있는 일이 벌어졌다. '클리어 메리'라는 사냥개가 그 즈음 매일 우승을 했는데 암놈이었던 그 개는 아주 영리했다. 그 날도 여느 날과 마찬가지로 경주가 벌어졌다. 경기 시작 소리와 함께 개들이 문을 박차고 나와 로봇토끼를 쫓아 냅다 뛰기 시작했다. 물론 클리어 메리가 선두를 달렸다. 얼마나 지났을까? 선두를 달리던 클리어 메리가 트랙 중간에서 갑자기 우두커니 멈춰 선 것이다. 관중석에 앉아 있던 사람들이 놀라 일어섰다.

"무슨 일이야?"

"야, 이 멍청한 개야. 빨리 뛰어!"

멈춰 선 클리어 메리는 관중석을 한 번 힐끗 쳐다보더니 다시 눈을 옮겨 앞서 뛰어가는 개들의 엉덩이를 물끄러미 바라보았다. 순간 경기장에 정적이 흘렀다. 다음 순간 클리어 메리는 옆 가드레일을 뛰어 넘어 전광석화처럼 트랙 가운데로 가로질러 뛰쳐나가더니 로봇 토끼를 잡아버렸다. 사람들은 이 놀라운 상황 앞에 넋을 잃었다고 한다.

이는 숭산 스님이 미국에서 행한 법문을 현각 스님이 한글로 번역한 『禪의 나침반』이라는 책에서 禪을 설명하면서 비유로 들은 내용이다.

정신없이 달리던 클리어 메리가 제일 먼저 한 것이 흐름을 따라가지 않고 우두커니 멈춰 서는 일이었다. 우두커니 멈추면 속도에 매몰되어 보이지 않던 것들을 볼 수 있다고 한다.

그 다음 물끄러미 바라보아야 한다. '물끄러미'의 뜻은 '멀거니'의 뜻이다. '멀거니'는 '건더기가 많지 않다.'라는 뜻인 '멀겋다' 혹은 '묽다'라는 말과 통한다. '물끄러미 바라보다'라는 말은 '생각의 건더기 없이 바라보다.'라는 뜻이다. 여기서 생각의 건더기란 바라보는 대상에서 어떤 이득을 취하려는 욕심이나 아니면 바라보는 대상이 나에게 해를 끼치지 않을까 저어하는 두려움 따위, 즉 바라보는 대상을 나 중심으로 조절해 보려는 분별심을 의미한다.

이런 분별심은 우리 두뇌로 하여금 많은 에너지를 소모하게끔 만들고 우리 몸에 스트레스를 쌓고 독성물질을 분비시킨다고 한다. 인도의 철학자들은 이러한 몸과 마음에 쌓인 독성물질을 암마라 부르고 이것을 지우고 치유해 주는 것이 명상이라고 말한다.

몇 년 전 MBC에서 방송한 '마음의 근육을 만들다'라는 특집방송을 본 적이 있다. 세파에 시달리는 마음에 근육을 만들어주는 일이 명상이라는 취지의 방송이었다. 명상에는 여러 가지 방법이 있겠지만 모든 명상의 요체는 이러한 분별심으로 만들어지는 잡다한 생각들을 내려놓는 일이다. 물끄러미 바라보는 행위는 잡다한 생각들을 내려놓고 그저 멀거니 바라보는 행위로 잠깐 동안 하는 명상이다. 아침명상이 우리의 마음에 근육을 만들어 주는 헬스장 보디빌딩 운동이라면 잠시 우두커니 앉아 물끄러미 바라보는 행위는 생활 속에서 뭉친 마음의 근육을 풀어주는 맨손체조나 스트레칭과 같은 것이다.

우리 의식의 본모습은 맑음이다. '물끄러미'는 본래의 우리 모습인 맑은 의식으로 돌아가려는 무던한 몸짓이다. 빠르게 소용돌이치며 흐르는 탁류는 그 흐름이 늦추어질 때 맑아진다. 침잠되어 맑아진 물은 물속의 예쁜 조약돌을 드러낼 수 있기도 하고 먼 하늘까지도 품으며 담담히 흐를 수 있다.

조선 후기의 학자 이덕무가 그의 저서 '청장관전서'에서 말하기를 "만약 내 마음에 잠깐이라도 누가 없으면 나는 반나절동안 신선이 되는 셈이다. 나는 오랫동안 신선이 되지는 못하지만 하루에 두세 번 쯤은 신선이 된다. 세상을 발밑에 두고 하늘 높이 날아오르는 신선이 되려는 사람은 일생동안 한 번도 신선이 될 수 없다."라고 했다.

하루에 두세 번쯤 우두커니 멈춰 서서 물끄러미 바라보는 시간을 갖자. 마음에 누를 없애고 잠시라도 맑은 자신을 찾아 신선이 되어 보자. 그러면 아무리 바쁘고 복잡한 현대 생활일지라도 우리는 연꽃과 같은 삶을 살 수 있지 않을까? 진흙과 같은 세상에 뿌리내리고 살아가지만 연꽃 같은 자신의 본 모습을 피워 세상을 좀 더 행복하게 만들 수 있지 않을까?

우리는 과연 무엇을 가질 수 있는가?

밝아오는 여명 속에서 흐릿하게 펼쳐지는 아침 안개를 우리는 가질 수 있는가? 맑은 하늘에 소나기가 그리는 찬란한 무지개를 우리는 가질 수 있는가? 저무는 서녘 하늘에 붉게 물드는 저녁노을을 우리는 가질 수 있는가?

그저 우두커니 서서 물끄러미 바라볼 뿐이지 않는가?

풋울음

이 세상 모든 동물들은 자기 고유의 소리를 가지고 있다. 사람은 사람의 소리를, 꾀꼬리는 꾀꼬리의 소리를, 개구리는 개구리의 소리를 가지고 있다. 하찮은 미물인 곤충들까지도 자기만의 소리를 가지고 있다고 한다. 우리가 그들의 소리를 다 듣지 못하는 것은 우리와 주파수가 맞지 않을 뿐 소리가 없다고 단정할 수 없다는 것이다.

우리와 주파수가 맞아 우리가 들을 수 있는 동물들의 소리를 우리 조상들은 '운다'라고 표현하였다. '숲에서 꾀꼬리가 운다', '무논에서 개구리가 운다' 하지만 서양 사람들은 동물들의 소리를 '노래한다'라고 표현한다.

이를 두고 우리 민족은 외침을 많이 받아서 그 근본 정서가 핍박과 슬픔에 가까워 동물들의 소리를 '운다'라고 표현하였고 정복 문화에 젖어 있는 서양 사람들의 근본 정서는 승리와 축제에 가까워 '노래한다'라고 표현했을 것이라는 주장을 들은 적이 있다. 이는 은근과 끈기의 민족성으로 슬기롭게 외침을 물리쳐 온 우리 민족의 찬란한 역사를 폄하하기 위한 일본 학자들의 얄팍한 주장일지도 모른다.

우리 민족이 일컫는 동물의 울음은 슬픔의 정서를 표현한다기보다 '존재의 울림'이라는 의미로 사용되었다. 우리 민족이 사용해 온 '운다'라는 말은 슬픔의 정서 이전의 문제인 존재를 표현한다. '무엇이 존재한다'라는 것을 소리로서 주위에 알리는 울림의 의미로 우리 조상들은 '운다'라고 표현한 것이다.

'미루나무 위에서 철 늦은 매미가 운다'라고 표현할 때 미루나무 위에 있는 매미의 슬픔이나 그것을 듣는 우리들의 슬픔을 말하는 것이 아니라 미루나무 위에 여름의 끝자락인데 아직도 매미가 존재한다는 것을 말하고 있는 것이다.

사람이 처음 태어날 때 터뜨리는 고고의 성을 우리는 그 사람의 첫울음이라고 표현한다. 이 첫울음도 슬픔의 정서와는 관련이 없고 존재의 울림으로서의 의미라고 생각한다. 물론 종교적인 관점에서 보면, '고통스러운 이 사바세계에 태어나는 것 자체가 슬픈 일이라서 첫울음은 슬픔을 나타낸다'라고 말할 수도 있을 것이다. 하지만 고통과 슬픔이라는 개념은 존재가 전제되어야만 일어나는 정서인 것이다. 아무리 고통스러운 세상이라도 존재하지 않으면 아무런 의미가 없고 일어나지 않는다. 인간의 첫울음도 슬픔의 정서와 상관없이 '내가 여기 존재한다'라는 존재의 울림인 것이다. 우리는 모두 첫울음이라는 존재의 울림을 울리고 이 세상에 태어났다. 그리고 그 울림을 통해 내가 존재함을 주위에 알림으로써 어엿한 한 존재로 인정을 받기 시작했던 것이다.

사람도 아니고 동물도 아닌 물건이 울음으로써 그 존재를 인정받는 것이 있다. 우리 전통악기들 중의 하나인 징이다. 징은 놋쇠로 만드는 유기 종류들 중 가장 만들기가 힘이 들고 어렵다고 한다. 그 힘들고 어려운 과정들을 거친 후 징이 악기로 그 존재를 처음으로 인정받는 것을 '풋울음'이라고 한다.

우리 전통악기 중에서도 그 쓰임이 가장 많으며 항시 민초들의 애환과 함께 해 온 악기가 징이 아닐까? 특히 마을 공동체에서 힘든 노동을 즐겁고 활기찬 노동으로 전환하기 위하여 행하는 농악 풍물놀이에 많이 사용되어졌다.

풍물놀이를 현대인의 취향에 맞게 간소하게 구성한 사물놀이에도 징은 쇠, 장고, 북과 함께 중요한 위치를 차지한다. 혹자는 사물을 자연과 비교하여 '자연성의 원리'를 주장하는데 쇠를 번개, 장고를 비, 북을 구름, 징을 바람에 비유하는 것이다. 사물놀이 한마당은 하늘과 땅이 서로 교류하여 한바탕 큰비를 내리게 하는 모습을 표현한다. 바람이 구름을 불러와 천둥과 번개를 동반한 세찬 비를 내리게 되는 자연 현상을 음악으로 표현한다는 것이 사물놀이이다. 그래서 풍물놀이는 비를 기원하는 기우제의 중요한 한 부분이었다.

사물놀이에서 징소리는 깨질 듯이 짜개지는 쇠의 소리를 부드럽게 어루만지는 역할과 나머지 모든 소리들을 감싸 안아 멀리멀리 퍼지도록 하는 두 가지 역할을 한다고 한다. 이는 징소리가 민초들의 찢어지는 듯한 애환을 부드럽게 어루만져주고 또한 그들의 염원들을 감싸 안아 멀리멀리 나아가게 하여 끝내는 하늘에 이르게 하는 소리로 민초들은 여겼는지도 모를 일이다. 그래서 우리 조상들은 일의 시작을 알릴 필요가 있을 때는 반드시 징을 울려 그 시작을 알렸다. 바람이 제일 먼저 불어야 하늘을 움직여 구름이 몰려오고 천둥과 번개도 치고 큰비가 내리듯이 우리 조상들은 하늘에 이르는 염원을 담아 모든 일의 시작에는 징을 울렸는지도 모른다.

민초들의 염원을 담는 예사스럽지 않은 소리이기에 징의 제작 과정 또한 예사스럽지 않다. 만들기 전에 반드시 목욕재계를 해야 하는 등 그 울려 나오는 소리만큼이나 징의 제작과정은 길고도 어렵다.

징은 구리와 납의 합금인 놋쇠로 만든다. 구리와 상납을 적당한 비율로 배합하여 1,000도가 넘는 고열에서 녹인다. 그 녹인 쇳물을 돼지기름을 바른 옴팍한 곱돌 위에 부어 식히면 큰 바둑알처럼 생긴 놋쇠 덩어리가 된다. 이것이 징을 만드는 최초의 원형인 '바데기'이다. '바데기'를 쇠망치로 두들겨 넓혀 징의 기초 형태인 '이가리'를 만드는 과정이 '도둠질'이다. '도둠질'은 '바데기'를 고열에 벌겋게 달구었다가 쇠망치로 두드려 형태를 잡는 반복되는 과정이다. 이는 무척 힘든 작업이다. 이렇게 쇠망치로 반복해서 두드리는 작업을 방짜라고 하는데 놋그릇이나 놋대야, 놋요강 등은 방짜가 아닌 주물로 만들 수 있지만 징만큼은 방짜가 아니면 만들 수가 없다고 한다. '바데기'의 내부에 보이지 않는 무수한 기포가 들어 있고 이 기포들이 소리의 울림을 방해한다고 한다. 기포를 없애고 쇠를 다져주는 방짜로 징을 만들어야 하는 이유가 여기에 있다.

기초 형태인 '이가리'가 어느 정도 만들어지면 불에 달구어 집게로 잡아 돌리면서 망치질해 바닥을 얇게 고르는 '싸개질'과 쇠의 강도를 조절하는 '담금질'이 이어진다. '담금질'까지는 방짜그릇이나 징이나 공통적으로 행해지는 과정이지만 징은 '울음잡기'라는 마지막 공정을 하나 더 거쳐야 제대로 된 소리를 깨울 수 있다고 한다.

'담금질' 과정이 끝나면 '곰망치'로 끊임없이 징의 바깥을 쳐서 울음을 풀기도 하고 안을 때려 조이기를 반복하면서 울음을 잡아 나간다. 그렇게 해서 마지막으로 완성되는 것이 '풋울음'이다.

'풋울음을 깨운다'라고 표현하는 것은 없던 울음을 만들어 내는 것이 아니라 원래 쇠 속에 잠들어 있던 소리를 드러내도록 바로잡아 준다는 의미라고 한다. 이 세상에는 비슷한 사람은 있어도 똑같은 사람이 없는 것처럼 수많은 징의 '풋울음'을 깨워 봐도 비슷한 소리는 있어도 똑같은 소리는 없다고 한다. 이렇듯 '풋울음'은 그 하나하나가 독특한 울음이 되어 개성을 갖춘 징소리가 존재의 울림을 울리고 태어나는 것이다. 같은 우리말이라도 지방마다 사투리가 있듯이 징소리도 만드는 지방마다 그 특색이 조금씩 다르다고 한다. 지방에 따라 왕왕거리는 소리, 굽이치는 소리, 길게 울려 퍼지는 소리, 끝이 올라가는 소리 등 다양하다고 한다. 우리 경북의 대표적인 징은 김천의 징인데 김천의 징소리는 황소울음처럼 구성지고 길게 빼다가 끝이 올라가는 것이 특징이라고 한다.

징이 어려운 과정 끝에 제대로 된 자기만의 '풋울음'을 우는 것은 마치 한 문학 작품이 어려운 창작 과정을 통해 완성되는 것과 닮았다는 생각을 한다. 작가도 울음을 운다. 작품을 통해 자기만의 소리로 이 세상을 향해 우는 사람이 작가가 아니겠는가? 1,000도가 넘는 고열에서 구리와 상납이 합금되듯이 작가의 지성과 감성 그리고 영성이 뜨거운 문학열정 속에 녹아들어 작품세계의 바탕이 만들어지고, 끊임없는 망치질과 담금질로 내재한 기포와 불순물을 제거하듯이 끊임없는 사색과 명상으로 자신의 내면을 다지고, 수많은 '곰망치질'로 '울음잡기'를 한 후 '풋울음'을 깨우듯이 수많은 습작으로 자기 내면에 잠자고 있던 자신만의 소리를 깨우는 것이 바로 작가의 창작 활동이 아니겠는가?

어려운 징의 제작 과정을 보고 나는 나의 글쓰기를 되돌아본다. 어찌어찌하여 문학지에 등단도 하고 문예대전에서 입상도 했지만 명성만 탐이 나서 너무 쉽게 글을 쓰려고 했던 것 같다. 놋쇠의 합금처럼 쇳물 같은 뜨거운 창작 열정이 있었던가? 반복되는 도둠질과 담금질이 불순물과 기포를 제거 하고 쇠를 다지듯이 나의 내면을 다지기 위한 마음 수행은 또 얼마나 해 왔던가? 그리고 풋울음을 깨우기 위한 곰망치질 습작은 또 얼마나 해 왔던가? 다시 한 번 되돌아보게 된다.

언제쯤 나는 저 징처럼 제대로 된 나만의 '풋울음'을 울게 될 것인가? 징의 소리가 바람이듯이 바람처럼 자유로운 문학혼으로, 징소리가 쇠의 날카로운 소리를 어루만지듯이 사람들의 애환을 어루만지고, 징소리가 모든 소리를 감싸 안아 멀리멀리 전달하듯이 사람들의 소망을 담아 오래도록 잊혀지지 않는 작품을 쓰고 싶다. 황소울음처럼 구성지면서도 오래도록 여운이 남는 저 김천의 징소리처럼 사람의 심금을 울리는 제대로 된 나만의 '풋울음'을 한 번 깨우고 싶다.

브라질 소고

브라질 소고

안녕하십니까? 김천여중 교장 정성천입니다.

저는 2003년 2월 10일부터 2007년 2월 09일까지 교육부 파견근무로 브라질 상파울루 총영사관에서 한국교육원장을 4년 동안 역임했습니다.

4년간 브라질에서 생활하면서 보고 느꼈던 것을 토대로 브라질에 대한 이야기를 할까 합니다. 브라질은 우리나라에서 가장 멀리 떨어져 위치한 나라이고 가기 힘든 곳이기에 파견될 때 많은 기대감과 흥분됨을 가지고 부임했던 기억이 아직도 새롭습니다.

막상 가서 생활해보니 브라질은 기대감을 가지기에 충분

한 아름다운 자연경관을 가지고 있었고 브라질에서의 생활은 여기에서는 맛볼 수 없는 아주 이색적이었습니다. 물론 빈부의 격차가 심해서 빈민들은 인간 이하의 삶을 살고 있기에 강절도 사건이 많이 일어나고 위험한 면도 있었지만 브라질인들 특유의 낙천적이고 다정다감하며 친절한 점은 빼어난 자연 경관과 더불어 브라질을 좋아하도록 만드는 데 중요한 요소로 작용했습니다.

자연 환경 및 기후

브라질이란 이름은 원래 붉은 물감의 원료로 쓰이는 나무의 이름이랍니다. 1500년대에 브라질을 발견한 포르투칼인들은 그곳에서 그 당시 유럽에서 사용할 수 있는 붉은 물감의 원료인 브라질이라는 나무를 발견하고 그 나무를 채취하여 많은 돈을 벌 수가 있었습니다. 그래서 브라질나무가 나오는 곳이라는 뜻으로 브라질이라고 불렀다고 합니다.

브라질 국토는 열대우림에서 아열대, 온대에 걸쳐 있으며 851만 4,047㎢ 면적으로 남한의 90배가 넘는 거대한 면적을 가지고 있으면서도 사막과 같은 불모지가 거의 없습니다. 풍족한 강우량과 사시사철 따뜻한 기온으로 식물 생명력이 매우 왕성하며 곳곳에 밀림지대가 있고 그 밀림지대에는 생명력은 무한히 풍부하나 온갖 독충과 독사 등이 있어 아직 개발되지 못한 미개발 밀림지대가 많습니다.

북쪽에 세계 최대 수량을 가지고 있는 아마존 강은 서쪽 안데스 산맥에서 발원하여 동쪽으로 흘러갑니다. 강폭이 넓어 강이라는 느낌보다는 바다라는 느낌이 더 강한 거대한 강입니다. 아마존 지대를 제외한 지역은 동남부 지역이 고지대로 나머지 강들은 여기서부터 발원합니다. 그 산악 지대에서 북쪽으로 흘러가는 강이 토칸틴스 강과 성프란시스코 강 두 개가 있으며 남쪽으로 흘러가는 강은 빠라나 강과 파라과이 국경지대의 파라과이 강 두 개가 있습니다. 인구가 가장 많이 살고 있는 상파울루 주 지역은 동쪽이 산악지대이며 서쪽이 저지대로 대다수의 강들이 동쪽에서 서쪽 저지대인 빠라나 강으로 로 흘러 들어갑니다.

동쪽 고지대와 남쪽 해안지대에는 기후가 좋고 교통이 편리하여 해안을 따라서 도시가 잘 발달되어 있습니다. 남미 최대의 도시인 상파울루 시도 해발 900m 고지대로서 인간이 살기에 아주 적합한 기후 조건을 가지고 있습니다. 한여름철(12월, 1월)에도 무덥지 않으며 습도가 없어 그늘에만 들어가면 서늘하여 4년 동안 집에 에어컨 없이 지내도 전혀 불편함이 없었습니다. 겨울철(7월, 8월)에는 난방시설이 없어 추위를 느낄 수 있으나 기온이 10도 이하로 내려가는 일이 거의 없습니다.

교육

브라질은 자연 자원이 풍부하고 자연 재해는 다른 곳보다도 훨씬 적은 곳입니다. 이렇게 좋은 자연 조건을 가지고 있고 모든 물산이 풍부함에도 불구하고 브라질은 왜 가난에 허덕이는 빈민층이 많은 것일까? 파견되고 얼마 되지 않아 나의 머릿속에 자리 잡은 채 풀리지 않는 아주 큰 수수께끼였습니다. 그러나 1년, 2년 그곳에서 생활하면서 브라질의 내면을 파악하고 난 후에야 그 이유를 알게 되었습니다. 그 원인은 교육이었고 궁극적인 이유는 종교에 있었습니다.

근대가 시작되면서 서구의 열강들은 미개한 아시아, 아메리카, 아프리카의 국가들을 식민지로 삼아 온갖 약탈을 자행해왔고 그 역사적인 과정에서 프로테스탄트 국가(영국)의 지배를 받았던 식민지 국가는 독립을 하여 현대에 들어와서도 잘 살게 되고 가톨릭 국가(스페인, 포르투칼)의 지배를 받았던 식민지 국가들은 독립을 해도 가난에서 벗어날 수가 없었습니다. 이는 그 나라 종교가 갖고 있는 교육에의 접근 방법의 차이라고 생각합니다.

프로테스탄트(이후로는 개신교라고 지칭합니다.)는 대중교육을 중시하는 반면에 가톨릭은 엘리트교육을 중시합니다. 지금은 많은 수정과 개혁이 있어 변화되었지만 가톨릭의 모든 체계는 하느님의 말씀인 성경을 인간이 멋대로 읽는 것을 꺼려하고 영적인 부름을 받은 성직자들에 의해서 평신도에게 전해지는 것을 근간으로 삼아 왔습니다. 하지만 개신교는 하느님의 말씀인 성경을 인간이라면 누구나 자유롭게 읽을 수 있는 권리가 있다고 믿는 데서 출발한다고 생각합니다.

마르틴 루터가 종교개혁을 시작한 것이 종교적인 측면으로 보면 일대의 개혁이 되지만 교육사적인 측면으로 보면 대중교육의 효시라고 말하기도 합니다. 종교개혁이 있기 이전까지는 읽고 쓰는 기능이 몇몇 정치적, 종교적 특권층의 전유물이었고 일반 백성들은 읽고 쓸 줄을 몰랐습니다. 대중들에게 성경을 읽을 수 있도록 해 준 사람이 바로 마르틴 루터였습니다.

때맞추어 인쇄술이 함께 발달해서 엄청난 변화가 가능하게 되었습니다만 이 대중교육을 바탕으로 해서 근대의 민주주의가 싹이 트고 오늘날과 같은 발달된 민주주의 사회가 도래하게 되었다고 학자들은 말합니다. 그래서 개신교의 근본 바탕은 대중교육에 그 기반이 있고 반면에 가톨릭은 대중교육보다도 엘리트 교육을 중시한다고 봅니다.

브라질이 미국 못지않은 영토와 미국보다 더 풍부한 천연자원을 가지고 있고 미국처럼 세계 1,2차 대전에 참전한 국가도 아니어서 전쟁의 파괴도 없었기에 오히려 전쟁 특수를 누려 미국 못지않은 부를 누릴 수 있는 호기가 있었음에도 브라질은 그런 기회를 잡지 못했습니다. 그 이유는 교육이었습니다.

1, 2차 세계대전이 발발했을 때 개신교의 식민지로 있었던 미국은 대중교육이 충실히 이루어져 왔기 때문에 양질의 노동력을 제공하여 전쟁특수를 누릴 수 있었으나 똑같은 기회가 왔지만 가톨릭국가의 식민지로 엘리트교육만 치중해온 브라질은 전쟁에 필요한 대포나 총을 만들 양질의 노동력이 풍부하지 못하고 단순 노예노동력밖에는 없었습니다. 그래서 전쟁특수를 누리지도 못하고 미국이 양대 세계대전의 특수에 힘입어 고공비행으로 발전하여 세계의 초강대국이 되는 것을 바라보아야만 했습니다.

국민 전체가 계몽되지 못하고 일부 엘리트들만이 교육으로 깨우친 결과 현대 국가로의 발전에 한계에 부닥쳤고 게다가 국정의 주도권을 쥔 엘리트층들의 도덕적 부패로 정치적 인 불안까지 초래하여 대다수의 국민들을 궁핍한 생활로 몰아넣었습니다.

그런 아픈 경험에도 불구하고 아직도 브라질은 가톨릭의 영향으로 대중교육보다 엘리트교육을 중시하고 있습니다. 교육재정의 60% 이상을 대학교육에 배정하고 지금도 국·공립 대학교의 모든 수업료가 무료이며 국민의 세금인 국가재정으로 대학을 운영하고 있습니다. 초중등의 공교육을 등한시하여 초중등 공립학교는 피폐되어 있고 고액의 교육료를 내야만 다닐 수 있는 초중등 사립학교가 발전되어 있습니다.

공립고등학교 입학자 중 30% 정도만 끝까지 졸업한다고 하니 중간에 그만 둔 학생들은 사회에 나가서 어떤 역할을 하겠습니까? 상파울루에 재직할 때 많은 국제학교와 명문 사립학교를 방문할 기회가 있었는데 교육시설이나 교사진 등이 우리나라보다도 훨씬 더 우수했습니다. 하지만 공립학교를 방문해보면 마약과 매춘으로 학생들을 망친다고 학부모들이 공립학교에 보내는 것을 꺼려하는 이유를 알 것만 같았습니다.

엘리트교육을 중시하는 브라질 행정조치는 곳곳에서 볼

수 있습니다. 한 가지 예를 들면 대학 졸업자는 모든 것에서 우월성을 부여하지만 그 중에서도 특이한 것은 현장 살인범이라도 대학 졸업자이고 도주의 우려가 없다고 판단되면 구속수사를 하지 않고 불구속 수사를 합니다. 대학 졸업자가 아닌 경우 사소한 현장범도 무참하게 인권을 유린해가면서도 체포하는 브라질 경찰들의 무시무시한 행태는 이상할 정도입니다.

2004년 10월 어느 날 브라질 최대의 잡지사인 Veja잡지사(정기구독자만 백만 명이 넘는 브라질 여론을 주도하는 브라질 최대의 주간지) 기자인 Monica Weinberg 양이라는 사람한테서 전화가 왔습니다. 내용인즉슨 1960년대만 해도 브라질이 한국보다도 더 잘살았는데(1960년대의 한국의 1인당 GNP 900불, 브라질 1,800불) 40년 만에 역전이 되어(2004년도 한국의 1인당GNP 17,900불, 브라질 7,900불) 한국이 브라질보다도 잘살게 된 이유가 교육에 있는 것 같은데 한국교육부를 대표해서 상파울루에 파견되어 왔으니 한국교육에 대한 인터뷰에 응해 달라는 주문이었습니다. 내심 한국교육을 알릴 좋은 기회라고 생각되어 고급 한식 레스토랑으로 초대하여 인터뷰를 하였습니다. 그리고 인터뷰를 하면서 한국에 직접 가서 취재하여 특집으로 다루어 달라는 설득을 하였습니다.

한국음식 맛이 좋았던지 상부에 그렇게 한번 요구해본다고 합니다. 제발 그렇게 요구해달라고 설득해 놓고 총영사님에게 그 잡지사 편집국장에게 손을 쓰라고 일러두었습니다. 브라질에서 한국을 대대적으로 알릴 절호의 기회이니 놓치지 않아야 한다고 강조했습니다. 하여튼 우여곡절 끝에 그 기자를 한국으로 보내게 되었습니다.

마침 그해 11월 달에 노무현 대통령 부부께서 상파울루를 방문하게 되어 영부인 일정을 담당하게 된 나는 두 가지 일을 동시에 해야 했기에 무척이나 바쁜 나날을 보내야 했지만 그 성과는 이루 말로 다 할 수 없을 정도로 지대했습니다.

그 기자가 2주간 한국을 취재하고 온 그 다음해인 2005년도 2월에 특집기사로 한국교육을 소개했습니다. 그 잡지 표지에는 태극기를 오른손에 쥐고 선두에서 지휘하는 잔다르크의 그림과 함께 “A COREIA FEZ O BRASIL TAMBEM PODE FAZER” (한국도 해냈는데 우리도 할 수 있다)라는 제목으로 겉표지를 장식했습니다.

그 이후로 브라질 국민들은 한국은 기술이 우수한 나라이기도 하지만 교육이 우수한 나라라는 인식을 갖게 되었습니다. 그 이후에 주 브라질 한국대사님이 새로 부임해 와서 룰라 대통령을 처음 접견하는 자리에서 한국의 기술이 발전한 것은 교육의 덕분이 아니냐는 말을 듣고 대사님이 깜짝 놀란 일이 있었다고 합니다.

그리고 그 일을 주선한 사람이 교육원장이라는 사실을 잘 아는 한 교포가 저에게 "원장님 덕분에 이민 40년 만에 처음으로 한국 사람이 긍지를 가질 수 있는 가슴 통쾌한 기사가 유력 잡지에 실렸다."라고 고맙다는 표현을 하였습니다. 그 이전에는 한국 사람들에 대한 평판이 부지런하지만 돈밖에 모르고 개고기를 먹는 야만적인 식습관을 가진 민족으로 부정적인 이미지가 많았다고 합니다.

브라질에 진출한 기업들 특히 엘지나 삼성 관계자들도 그 기사가 한국 상품 이미지 상승에 큰 공헌을 하였다고 칭찬하였습니다.

축구와 삼바

브라질 하면 축구와 삼바가 생각 날 정도로 축구와 삼바가 대표적인 이미지입니다. 하지만 브라질이 축구와 삼바가 발달할 수밖에 없었던 그 속사정을 들여다보면 다소 서글픈 느낌을 지울 수 없습니다. 한마디로 우민정책의 산물이라 할 수 있습니다.

엘리트 교육에 치중한 브라질 기득권층들은 대중들이 깨어나 자기들에게 저항하여 자기들이 누리고 있는 모든 것을 잃을까 두려워했던 모양입니다. 브라질 남자들은 축구에 열광하고, 여자들은 삼바에 열광합니다. 지금은 축구선수를 수출하여 벌어들이는 외화가 엄청나고 삼바축제를 관광 상품화하여 그 또한 엄청난 외화 벌이를 하고 있지만 그 시작은 대중들이 교육을 받아 깨어나서 기득권층에 저항할까봐 모든 것을 잊고 축구와 삼바로 고달픔을 달래라고 돌출구로 만들어 놓은 우민정책의 산물이랍니다.

축구는 1부, 2부, 3부 리그와 수많은 유소년 리그와 초등학생 리그 등 축구만 잘하면 부와 명예와 모든 것이 해결되는 그런 나라입니다.

격렬한 앙숙 클럽간의 빅 매치 경기가 있으면 응원단들끼리 싸움이 붙어 한두 명 죽는 것은 예사의 일입니다. 재수 없으면 응원단들이 지나가는 자리에 자동차를 몰고 잘못 들어갔다가 자동차가 온통 망가진 사람들이 한두 명이 아닙니다. 그래도 어디에 하소연도 하지 못합니다.

우리나라 축구 유학생들이 초등학생부터 대학생까지 많을 때는 약 400명 정도가 상파울루 인근 지역에 분포하여 축구를 배우고 있습니다. 많은 학생들이 불법 브로커에 속아서 형편없는 동네 축구단에 보내어져 축구도 배우지 못하고 학업도 중단되고 돈은 돈대로 매달 3,000달러씩 꼬박꼬박 내고 형편없는 기숙사 생활로 고생하는 경우가 비일비재합니다. 그 축구 유학생들을 관리하는 것이 교육원장의 임무라서 그들을 파악하고 관리하느라 무진장 애를 먹었던 기억이 새롭습니다.

삼바축제는 가톨릭 달력으로 사순절이 시작되기 직전 일주일간을 축제기간으로 하는데 통상 2월 중순에서 3월 초순에 해당됩니다.

브라질 전국에 수천 개의 삼바학교가 있습니다. 그 학교에서는 축제가 끝나면 다음해에 발표할 컨셉을 정하고 그 컨셉에 맞는 음악을 작곡하고 그 음악에 알맞은 춤을 창작하고 그 컨셉을 발표하기 위해 행진을 해야 하는데 그 행진을 할 때 입을 의상과 치장과 도구를 제작하여 일 년 내내 연습을 합니다. 그야말로 삼바 행진은 종합예술의 표현입니다.

새해가 시작되는 1월말 경 삼바경연대회가 열립니다. 각 학교별로 팀을 구성하여 출전을 합니다. 주별 경연을 거쳐 각 주에서 상위 입선 팀들이 히오데 자네이로에 모여 전국 결선을 벌이고 그곳에서 상위 입상 팀들은 삼바축제 때 따로 마련된 약 1킬로미터 정도 길이의 행진 코스에서 앵콜 행진을 여러 차례 벌입니다. 삼바행진 공연장은 각 도시별로 그리고 각 주별로 마련되어 있습니다. 각 주의 상위 입선 학교 팀들은 삼바축제 때 그 주의 수도에서 공연을 합니다. 전국대회 입상 팀들이 공연하는 히오데 자네이로의 공연장에서 가장 좋은 좌석은 우리나라 돈으로 환산하면 천만 원이 넘는 좌석도 있고 좋지 못한 좌석은 몇십만 원하는 곳도 있습니다. 세계 각지에서 그 삼바축제를 보기 위해서 수백만 명이 모여 듭니다.

삼바는 외견상으로 보면 아주 즐겁고 화려하지만 그 음악을 경청해 보면 멜로디가 경쾌하면서도 그 기저에는 말로 표현하지 못할 슬픔이 깔려있는 것을 느낄 수 있습니다. 이는 아프리카에서 노예로 끌려온 흑인들의 슬픔과 백인들의 무자비한 사냥에 포로가 되어 노예가 된 인디언들의 슬픔이 녹아 있다고 생각됩니다.

인종과 언어

브라질을 제외한 남미의 다른 나라들은 모두 스페인의 식민지였고 브라질만 포르투칼의 식민지였습니다. 그래서 브라질사람들은 포르투칼어를 사용하고 있고 그 외 남미 국가

들은 모두 스페인어를 사용하고 있습니다. 아직도 브라질이 스페인어 사용국으로 잘못 알고 있는 사람들이 더러 있습니다. 스페인어와 포르투칼어는 유사한 점이 많이 있지만 포르투칼어가 배우기에 좀 더 어려운 것 같아 마치 스페인의 한 방언과 같다고 할까요?

현재 세계에서 사용되고 있는 언어들을 그 모국어 사용 인구를 기준으로 살펴보면, 포르투갈어는 중국어, 영어, 힌디어, 스페인어, 아랍어 다음으로 많이 쓰이는 언어입니다. 세계 60억이 넘는 인구 중 2억의 인구가 쓰는 이 언어는 본국인 유럽(Europa)의 포르투칼(Portugal); 아프리카(Africa)의 카보베르데(Cabo Verde), 기니비사우, 상 투메 이 프린시페(Sao Tome), 앙골라, 모잠비크; 남아메리카의 브라질; 대서양의 아소레스 군도, 마데이라 제도; 아시아에는 1999년 12월 1일 중국으로 반환된 마카오; 그리고 지금 인도네시아로부터 독립을 획득하고자 치열한 전쟁을 치르고 있는 동티모르 등에서 쓰이고 있습니다. 이렇게 포르투칼어가 대륙과 대양을 가로질러 세계 여러 곳에서 쓰이고 있는 이유는 바로 다름 아닌 15, 16세기 포르투칼의 전성시대에 세계 곳곳에 그 세력을 확장하여 해외 식민지를 건설했던 역사적 사실에 기인합니다.

남미 스페인 식민지 중 그래도 살기가 괜찮은 국가인 아르헨티나, 칠레, 우루과이 등의 나라에 가보면 흑인과 인디언들이 없고 백인들만 있는데 브라질에는 인종 백화점처럼 여러 유색 인종들이 혼합되어 살고 있습니다. 이는 스페인과 포르투칼의 식민지 정책에서의 차이 때문이랍니다. 스페인 백인들은 아프리카에서 흑인 노예를 들여와서 노동력으로 충당했으나 전혀 피를 섞지 않았고 포르투칼의 백인들은 아프리카에서 흑인들을 들여왔지만 모자라는 노동력은 인디언들을 잡아서 혼혈정책을 사용하여 인디언 여자들이 백인의 자식을 많이 낳게 하여 노예로 부렸답니다.

그래서 메스티죠라는 혼혈종이 생겨나게 되었지요. 그리고 사실인지 몰라도 2차 세계대전이 끝나고 아르헨티나, 칠레, 우루과이 세 나라는 산재해 있는 인디언과 유색 인종들에게 보호구역을 마련하여 살게 해 준다고 속여 한데 모아서 집단 살해를 했다는 말이 있습니다. 그 때 살해당하지 않은 유색 인종들도 살기 위해서 모두 브라질로 모여들었다고 합니다.

또한 브라질은 현대에 들어와서도 동양에서 계속 이민을 받아 현재 일본인이 150만 명, 중국인이 25만 명, 한국인이 5만 명으로 온갖 유색 인종들이 브라질에 모여 살고 있습니다. 2005년도 후진타오가 브라질을 방문했을 때 브라질에 거주하는 중국인의 수를 지금의 두 배인 50만 명으로 늘일 것을 룰라와 협상했다는 소문도 있었습니다. 중동의 요르단이라는 나라는 본토에는 50만 명 정도가 살고 있지만 브라질에는 그 수의 5배인 250만 명의 요르단인이 살고 있다고들 합니다.

이렇듯 브라질은 주된 종족, 주인이 없는 다민족 국가의 표본이지요. 하지만 아르헨티나에 가보면 유색인종들을 찾아보기가 힘듭니다. 아르헨티나는 지금은 경제적으로 빈곤하지만 1960년대만 해도 세계5대 강국에 속하던 나라이기에 자존심이 대단히 높고 남미의 맹주 자리를 놓고 항상 브라질과 경쟁을 해왔지만 요즈음은 브라질이 경제적으로 앞서기 때문에 아르헨티나는 브라질에 아쉬운 소리를 많이 하고 있습니다.

하지만 아르헨티나 인들은 근본적으로 브라질 인들을 얕잡아보고 문화적으로 뒤떨어진 국가라는 인식을 갖고 있습니다. 브라질에 살고 있는 인종 중 포르투칼인이 가장 많고 이태리인, 독일인 등이 주가 되어 있습니다. 이들은 가장 살기 좋은 남쪽지방 바닷가에 도시를 이루고 살고 있으며 흑인들이 들어오는 것을 꺼려하기 때문에 남쪽지방의 도시에는 유색인종들의 수가 매우 적지요.

교민 생활

브라질의 한국 교민은 약 5만 명이며 그 중 4만 5천 명이 상파울루 시에 살고 있고 나머지 5천 명은 지방에 흩어져 살고 있습니다. 대다수가 1960년대 농업이민으로 온 사람들과 그 후손들이지요. 처음에는 농업 이민으로 왔지만 원래가 한국에서 농사를 짓던 사람들이 아니라서 이민 간 지 몇 년 되지 않아 도시로 나와 장사를 시작했습니다.

가장 손쉽고 한국인들의 손 기술로 할 수 있었던 게 옷을 만들어 파는 일이었던 모양입니다. 지금은 한국인들의 90%가 봉제업과 의류 도소매업을 하고 있지요. 1억 6천만 명 브라질 인구의 25%인 4천만 명이 한국인이 만든 옷을 입고 있답니다.

상파울루 시의 봉헤찌로(Bom Retiro)지역에는 우리나라 남대문, 동대문 상가지역처럼 옷가게가 밀집되어 있는데 약 80%가 한국 사람들의 점포입니다. 매주 월, 화요일 오전에는 브라질 전국에서 옷을 사러온 상인들이 타고 온 대형 버스들이 수십 대가 거리에 도열해있는 걸 보면 70년대 남대문이나 동대문시장과 흡사하다는 생각이 듭니다.

봉헤찌로는 한국타운이라고 해도 과언이 아닙니다. 그곳에는 한국인 옷가게가 주로 많으니까 한국 사람들을 대상으로 하는 한국 음식점, 한국 식품가게, 한국 호텔, 한국형 사우나 목욕탕 등 한글 간판이 아주 많은 거리로 얼핏 보면 한국의 어느 도시의 거리라는 착각이 들 정도입니다.

브라질 전국의 주요 도시의 대형 옷가게는 주로 상파울루에서 내려간 한국인들이 경영하는 곳이 많습니다. 옷 장사를 하는 한국 교민들은 대다수가 상류층 생활을 하고 있으며 요즈음 법조계나 의료계로 진출하는 2,3세 교포들이 생겨나고 있습니다. 하지만 우스꽝스러운 것은 의과대학 나와서 의사 자격증을 획득하고서도 옷장사의 수입보다도 못한 의사의 수입 때문에 의사 일을 접고 옷을 만들어 파는 봉제업을 하는 사람들이 많이 있다는 사실입니다.

관광 안내

우리나라에서 브라질을 갈려면 비행기로 약 30시간이 소요됩니다. 가는 코스는 미국을 경유하는 방법과 유럽을 경유하는 방법이 주로 사용되고 있으나 요즈음은 남아프리카 공화국의 케이프타운을 경유하여 가는 방법도 더러 사용하는 사람들이 있는 것 같습니다.

미국은 LA나 뉴욕을 경유하는 코스가 주가 되고 미국공항의 검색이 귀찮은 사람들은 캐나다 토론토나 벤쿠버를 경유하기도 합니다. 유럽은 파리, 런던, 암스테르담, 프랑크푸르트 등을 경유합니다. 시간의 차이가 약간 있지만 5~6시간의 공항 대기 시간을 합하면 30시간이 소요됩니다.

브라질은 워낙 국토가 넓어서 볼거리가 무진장하지만 단기간에(10일 정도) 꼭 필수적으로 관광해야 할 곳은 세계 최대의 폭포인 '이구아수' 폭포와 세계 3대 미항의 하나인 '히오데 자네이로' 항구이라고 생각합니다. '이구아수' 폭포는 브라질, 아르헨티나, 파라과이 3국경지대에 위치한 폭포로써 폭포를 조망하기에 좋은 곳은 브라질 쪽이고 폭포를 체험하고 가까이에서 느끼기에 좋은 곳은 아르헨티나입니다. 수량이 풍부한 '파라나' 강의 단층작용으로 생겨난 '이구아수' 폭포는 수십 개의 폭포로 이루어져 있는데 브라질 쪽에도, 아르헨티나 쪽에도 여러 개의 폭포가 있지만 가장 규모가 큰 폭포는 아르헨티나 쪽의 '악마의 목구멍'이라는 폭포입니다. 그 폭포를 강 위에서 바라보는 것이 '이구아수' 폭포 관광 중 최고의 압권입니다. 그 폭포를 바라보고 있으면 강력한 흡인

력 때문에 자신도 모르게 몸이 빨려 들어가게 된답니다. 예전에 안전장치(철책)가 되어 있지 않았을 때는 많은 사람들이 자신도 모르게 몸이 기울어지게 되고 정신을 차리기 전에 균형을 잃고 떨어져 빨려들어 간 일이 많다고 해서 인디언들이 '악마의 목구멍'이라고 이름 지은 것 같습니다. 우기의 수량이 풍부할 때 가면 그야말로 장관입니다. 수십만 톤의 물이 떨어지면서 내는 물보라가 상공 수 킬로미터까지 치솟아 올라가기 때문에 수백 킬로미터 떨어진 곳에서도 폭포의 위치를 알 수 있습니다. 그리고 보트를 타고 폭포 물안개에 온몸을 흠뻑 적셔 보는 것도 폭포를 체험해 보는 좋은 방법입니다.

세계 3대 미항인 '히오데 자네이로'는 참으로 아름다운 항구입니다. 상파울루는 지저분하고 무질서하지만 '히오'는 바다와 도시가 어우러져 아름다움을 나타내는 멋진 도시입니다. 저도 히오를 관광해보니 상파울루로 돌아오기 싫을 정도로 '히오'의 경관이 아름다웠습니다. '히오'에서는 3가지 관광코스가 있습니다. 첫 번째가 바다에서 배를 타고 육지의 명소들을 바라보며 관광하는 것이고, 두 번째가 육지의 명소를 직접 방문하는 것이고 세 번째가 밤 야경을 구경하는 것입니다. 히오의 명소로는 그 유명한 '꼬빠까바나' 해변, 팔등신 미녀들이 비키니차림으로 일광욕을 즐기는 사진으로 많이 보았을 것입니다. 요즈음은 관광객들 중 동양인들이 그곳에서 강도를 많이 당한다는 정보가 있어 조심스러운 곳이지요.

그리고 시가지가 한눈에 내려다보이는 '꼬르꼬바도' 산 위에 38미터의 높이의 대리석으로 만든 예수 상이 유명합니다. '히오' 항구의 주위는 봉긋봉긋한 암벽 산들이 많이 있는데 그 중 시내 중심부를 내려다 볼 수 있는 곳에 '꼬르꼬바도' 산이 있고 그 산 위에 예수 상이 위치해 있습니다. 예수 상까지는 협궤 열차를 타고 올라가는데 올라가는 선로 옆에 어른 머리만큼 큰 '짜까' 라는 열매가 많이 달린 것을 본 기억이 납니다. '짜까' 열매는 하도 크고 무거워서 그 나무 아래에서 낮잠 자던 사람이 떨어지는 그 열매에 맞아 죽었다는 우스운 이야기가 있습니다. 냄새는 역한 꾸리한 냄새가 나지만 당도가 높아 맛이 좋습니다.

다음은 '슈가로프' 산의 케이블카가 유명하지요 1970년대 유명한 프랑스 희극 배우 '쟝 폴 벨몬드'가 주연한 '히오의 사나이'라는 영화의 명장면 격투 신을 찍은 케이블카입니다. 예수 상보다 아래에 위치한 암산으로 연결된 케이블카를 타고 시가지를 내려다보는 광경 또한 일품입니다. 원 이름은 '뻉(빵) 지 아슈까르(설탕)'라고 합니다. 의미는 설탕을 바른 빵이 아니고 사탕수수를 넣어 설탕물을 짜내는 빵과 비슷하게 생긴 기계에서 유래된 이름이랍니다.

이외에도 '마라카낭 축구장', '목조 성당', '삼바축제 경연장' 등등 볼 것들이 많이 있습니다. 요즈음 많은 인기를 끌고 있는 관광 코스가 히오에 있는 '빠벨라'(빈민촌)입니다. 평소에는 경찰력이 미치지 못해서 관광객이 들어갈 수가 없는 곳이지요. 경찰도 잘못 알고 들어가서 죽어서 나오는 일이 비일비재한 곳이지요. 툭하면 경찰들과 총격전이 벌어지는 곳이기도 합니다. 그곳을 관할하는 마약 조직이 허가한 여행 가이드의 안내를 받으면 무사히 빈민촌을 구석구석까지 구경할 수가 있지요.

우리나라 60년대의 빈민촌은 판잣집으로 대표되는데 이곳은 판잣집은 아주 좋은 집이지요. 종이박스에 비닐을 감아서 얼기설기 비만 피하도록 해놓은 집이 많고 조금 잘 지은 집이 나무 조각을 이어 지은 집입니다. 그 빈민촌에서는 나라의 행정력이나 경찰력이 미치지 못하여 마약 밀매 조직에게 세금도 내고 영업허가도 내고 보호도 받고 하지요. 조직들 간의 영토 분쟁으로 총격전이 수시로 일어나는 곳이기도 합니다.

음식

외국에서 한국 사람들의 입맛에 가장 음식이 잘 맞는 곳이 브라질이 아닌가 합니다. 브라질은 주식이 빵이 아니고 밥입니다. 물론 우리나라의 공기밥처럼 그렇게 차진 밥은 아니지요. 브라질 밥은 낱알이 모두 떨어져 있는 밥입니다. 밥알이 굵고 하나하나 떨어지도록 올리브기름으로 살짝 볶습니다. 그 밥 위에다 '훼이정'이라는 붉은 콩 종류인 팥과 같은 곡물 삶은 것을 얹어서 소고기 한 덩어리와 야채, 감자 볶은 것 등을 곁들여 먹는 것이 주식입니다. 그리고 매운 고추(피맨땅)와 마늘(알류)을 즐겨 먹습니다.

브라질 음식점으로 유명한 것이 '슈하스까리아'라는 고깃집 식당입니다. 서울에도 한두 군데 개점했다는 이야기를 들었습니다. 그 식당에서는 구운 고기를 양껏 먹을 수 있습니다. 그런데 먹는 방법이 약간 특이합니다. 먼저 뷔페로 된 야채를 먹고 난 뒤에 식탁 위에 있는 붉은 판을 돌려 녹색 판으로 바꾸면 소고기의 여러 가지 부위를 커다란 꼬챙이에 꽂아 주방에서 숯불로 갓 구워 가지고 옵니다. 부위별로 수십 명의 웨이터들이 끊임없이 가지고 와서 물어 봅니다. 먹고 싶으면 달라는 표시를 하면 방금 구운 부위를 칼로 잘라 줍니다. 그러면 집게로 집어서 앞접시에 놓고 먹으면 됩니다. 그리고 먹다가 맛이 없다고 판단되면 버리는 접시가 따로 있습니다.

브라질에서는 소고기가 흔하고 값이 싸서 고기 버리는 것을 우리나라처럼 죄악시하지 않는다는 사실을 처음에는 몰랐습니다. 그런 종류의 식당엘 처음 갔을 때 맛이 없어 먹기 싫은 고기를 잘못 받은 죄로 꾸역꾸역 먹었던 일이 기억납니다. 가장 좋은 소고기 1킬로그램이 우리나라 돈으로 5천 원 정도 합니다.

브라질의 강장 음식으로 '훼쥬아다' 라는 음식이 있는데 우리나라 보신탕과 같은 음식이지요. 과거 농장에서 지주가 돼지를 잡으면 살코기는 자기들이 먹고 돼지의 귀, 혓바닥, 코, 다리, 내장 등 쉽게 먹지 못하는 부위들은 소금을 많이 뿌려 염장을 하여 땅 속에 묻어 둔다고 합니다. 그러다가 노예들이 힘이 빠져 노동력이 떨어지고 영양보충을 해 줄 필요가 있다고 판단되면 그것을 파내어 큰 솥에다 붉은 콩(훼이정)을 함께 넣고 푹 고아서 밥에 얹어 먹도록 했답니다. 그것을 먹은 노예들은 힘을 잘 썼고, 거기에 착안하여 현대인들도 힘이 빠져 강장효과를 낼 필요가 있을 때 그렇게 해먹는 음식이 브라질의 대표적인 토속음식이 되었답니다.

그 외에 브라질은 해산물이 풍부하기에 해산물로 만드는 음식들이 많습니다. 특히 북부에 위치한 '바히아' 주의 주도가 '살바도르'인데 한 때 브라질의 수도였습니다. 그 도시의 대표요리인 '모께까' 라는 음식은 한국인들 입맛에 아주 알맞은 음식입니다. 해물 재료(대구, 새우, 조개, 바다가재 등)를 마치 카레처럼 만들어 밥 위에 얹어 어죽과 '만죠카' 가루를 뿌려 함께 먹는 요리입니다. 브라질에 가서 음식이 입맛에 맞지 않으면 '모께까'를 시켜 먹는 것도 좋은 방법일 것 같습니다.

재외동포 교육

총영사관에서 근무를 하다보면 총영사 관저 만찬에 자주 참석하게 됩니다. 본국에서 고위인사가 상파울루를 방문하게 되면 총영사가 환영의 뜻으로 관저에서 만찬을 베풀고 총영사관 직원들이 모두 참석하여 환영합니다. 언젠가 본국에서 대통령 특사와 수행원 몇 분이 상파울루를 방문하여 총영사 관저에서 만찬을 할 때였습니다. 그 특사께서 총영사관 직원들을 소개하는 자리에서 "교육원장님은 여기서 무슨 일을 하십니까?"라고 물었습니다. 저는 서슴없이 "대한민국영토를 넓히는 일을 하고 있습니다."라고 대답을 하였더니 빙그레 웃으시며 "어떻게 브라질에서 교육으로 우리나라 영토를 넓힐 수가 있습니까?"라고 다시 물었습니다.

그래서 대답했습니다. "교통과 통신뿐만 아니라 인터넷이 극도로 발달된 21세기의 영토 개념은 더 이상 땅의 개념이 아니고 인적자원의 개념입니다. 브라질에 살고 있는 5만 명의 우리 동포들은 그냥 내버려 두면 몇 세대 가지 않아 현지에 동화되어 국가에 아무런 도움을 줄 수 없는 외국인으로 전락해버리고 말 것입니다. 이들에게 한국어와 한국의 역사를 가르쳐 한국인으로서의 정체성과 긍지를 심어 주어 조국을 도울 수 있는 인재로 키우는 것이 브라질에 우리나라 영토를 만드는 일이 아니고 무엇이겠습니까? 교육원장은 그런 재외동포 교육을 위해 일하고 있습니다."라고 대답을 했던 일이 있습니다.

세계의 여러 나라들의 재외동포 정책을 살펴보면 두 가지 부류가 있습니다. 그 한 가지는 이태리식으로 재외동포가 현재 살고 있는 그 나라의 언어와 문화를 습득하여 조국의 정체성은 버리고 그 나라에 동화되어 그 나라 사람이 되도록 도와주는 방임적인 재외동포 정책이 있고, 또 하나는 이스라엘식으로 그 나라의 언어와 문화를 습득하여 그 나라에서 생활하고 있지만 모국의 언어와 문화를 잃어버리지 아니하고 모국의 정체성도 지켜 항시 모국과 연계되는 적극적인 재외동포 정책입니다. 후자의 이스라엘식 재외동포 정책은 아랍 국가들로부터 이스라엘을 굳건하게 지켜낸 정책이었으며 세계 화교 상인들의 자본으로 상하이 경제 발전을 이룩해낸 중국의 재외동포 정책이기도 합니다.

국토가 좁고 부존자원이 빈약한 우리나라도 이스라엘과 같은 적극적인 재외동포 정책으로 90여 개국에 흩어져 살고 있는 700만 재외동포들이 대한민국의 정체성을 가질 수 있도록 교육시켜 우리나라가 부강해지는 동력으로 삼아야 한다는 것이 저의 재외동포 교육관이었으며 그것을 실천하려고 노력한 4년이 아니었는가 합니다. 교육원장은 그런 일을 합니다.

브라질에는 21개의 토요한글학교(상파울루에 15개교, 지방에 6개교)에 1,200여 명의 학생들이 100여 명의 한글학교 교사들에게 매주 토요일마다 한국어를 배우고 있습니다. 그리고 우리나라 교육부가 초등학교까지 학력을 인정하고 있는 브라질 한국학교라는 국제학교가 1개교 있는데 학생 수가 약 300명 정도 됩니다. 브라질 한국학교는 오전에는 브라질 과정을 공부하고 오후에는 한국 과정을 공부하고 있습니다. 오전 브라질 과정은 초·중·고등학교 과정이 운영되고 희망자에 한해서 오후에 초·중등 과정을 한국어로 행하고 있습니다. 오후 한국 과정에는 초등학교 교사 1명과 초등학교 교장 1명이 우리나라에서 파견되어 근무하고 있고 현지 채용교사들이 12명 근무하고 있습니다. 오전 브라질 과정은 브라질 교사들로서 약 30명 정도가 브라질 과정을 가르치고 있는데 우리 동포 출신의 브라질 교사자격증을 가진 동포 2,3세들로 서서히 물갈이하고 있는 중입니다.

이상 브라질에서 생활하면서 보고 느낀 것들을 두서없이 생각나는 대로 적어 보았습니다. 결론적으로 말하면 브라질이란 나라는 1960년대까지만 해도 우리나라보다 훨씬 잘살았던 나라였으나 위정자들이 엘리트교육을 중시하고 대중교육을 등한시하여 국가 발전이 한계에 다다른 나라입니다. 늦었지만 이제야 교육의 중요성 즉 국민들의 지적 수준이 높아져야 나라가 끊임없이 발전한다는 교훈을 우리나라로부터 배웠습니다. 룰라 정부가 시행하는 정책들을 보면 과거와는 조금씩 달라지는 것 같습니다. 1970년대부터 브라질은 내일에는 강대국이 될 것이라는 평가가 있어 왔습니다. 하지만 아직까지 브라질은 가난하고 내일의 잠재력을 가진 나라 중에 하나입니다. 브라질 교민들로부터 전해들은 소식은 요즈음 불경기 속을 헤매는 우리나라와는 달리 브라질 경제가 아주 호경기를 구가하고 있다고 합니다. 국민 총생산량이 우리나라를 제치고 11위에 도달했습니다. 국제 원자재 값이 폭등한 결과로 인한 일시적인 결과인지는 두고 보아야 하겠지만 아무튼 브라질이 서서히 기지개를 켜고 있는 것만은 분명한 것 같습니다. 영원한 내일의 나라로 또 주저앉아버릴지 아니면 이 기회를 살려 강대국으로 도약할지는 두고 보아야 하겠습니다. 브라질이란 나라는 그곳에 사는 사람들만큼이나 재미있는 나라이기도 합니다.

차우 차우(브라질 말로 안녕)!

발문

지성과 감성, 영성으로 풀어낸 풋울음

지성과 감성, 영성으로 풀어낸 풋울음

— 정성천 수필집 『우두커니와 물끄러미』에 부쳐

장 호 병 | 수필가, 문장 주간 겸 발행인

1 들어가며

자연과 우주 속에 존재하는 모든 개체는 유일자로서 독특한 존재방식을 취하고 있다. 메를로 퐁티(Maurice Merleau Ponty, 1908-1961)는 이 무수한 개체들이 개별적으로 존재하는 것이 아니라 '각각의 사물은 모든 다른 사물들의 거울'로서 서로에게 자신을 넘겨주고 받는다고 했다.

각각의 개체들은 상호 관련하여 무수히 많은 수의 현상을 만들어낸다. 우리가 드러나는 현상을 보았으되 그 의미를 파악하지 못했다면 그것은 카오스이지만, 그 속에 깃든 의미나 존재형식의 본질을 읽어냈다면 그것은 로고스가 된다.

삼라만상은 자신만의 고유한 존재원리와 삶의 형식으로 개체성을 드러내지만 이들은 서로 유기적인 관계 속에서 개체와 개체, 개체와 전체, 그리고 우주와 상호 소통하면서 현상과 본질이 합일의 구조를 취하는 보편성을 유지한다. 같은 종 안에서 전혀 다른 성격을 나타내는 것이 있나하면, 다른 종끼리이지만 동일성이나 유사성으로 긴밀하게 연결되기도 한다.

허구를 인정하지 않는 체험 위주의 고백적인 글쓰기, '붓 가는대로'에서 느껴지는 작가로서의 치열함이 결여된 듯한 선입견 때문에 수필은 오랫동안 문학의 주변부에 머물러 왔음을 부인할 수 없다.

특히 문학에서 의미는 텍스트 안에 갇히는 것이 아니라 바깥을 향하고 있음에도 한국문단은 거의 한 세기를 '붓 가는대로'에서 크게 벗어나지 못했다. '붓 가는대로'는 시필試筆에 머무는 것을 이르지는 않는다.

자연의 수많은 존재 형식에는 우리가 궁극적으로 추구해야할 보편적 질서와 본성을 함축하고 있다. 한 인간의 삶의 형식은 극히 개별적인 것이긴 하지만 자연이 보여준 시간과 공간을 초월하여 변치 않을 보편적 존재 형식 가운데 어느 하나와 맞닿아 있다. 수필이 문학이자 예술로서의 창작이라

할 수 있는 것은 비유와 상징을 통하여 인생의 의미를 문학적 텍스트로 담아내기 때문이다. 삭을 대로 곰삭은 사유가 전제되어야 '붓 가는대로'가 가능한 것이지, 어찌 붓 가는대로 쓴다고 다 수필이 되겠는가.

2 개별성과 보편성

작가도 울음을 운다. 작품을 통해 자기만의 소리로 이 세상을 향해 우는 사람이 작가가 아니겠는가? 1,000도가 넘는 고열에서 구리와 상납이 합금되듯이 작가의 지성과 감성 그리고 영성이 뜨거운 문학열정 속에 녹아들어 작품세계의 바탕이 만들어지고, 끊임없는 망치질과 담금질로 내재한 기포와 불순물을 제거하듯이 끊임없는 사색과 명상으로 자신의 내면을 다지고, 수많은 '곰망치질'로 '울음잡기'를 한 후 '풋울음'을 깨우듯이 수많은 습작으로 자기 내면에 잠자고 있던 자신만의 소리를 깨우는 것이 바로 작가의 창작 활동이 아니겠는가?

—「풋울음」 중에서

영문학을 전공했고, 중고교의 현역 학교장인 토봉土蜂 정성천 사백詞伯이 보여주는 문학관이다. 유기 중 만들기가 가장 힘들다는 징이 악기로서의 존재를 처음 인정받는 게 '풋울음'이다. 수많은 망치질과 담금질을 거쳐 징이 탄생한다.

징의 질은 재료 못지않게 울음잡기의 지난한 과정에 있다. 어느 징과도 같을 수 없는 그 징만의 고유한 '풋울음'을 찾아내야 한다. 그것은 보편성을 지니는 징소리이자, 그 징만이 가질 수 있는 영성이다. 토봉 사백이 추구하는 문학 또한 존재자들의 개별적 실존의 당위이자 인간 보편의 정서 나아가 자연이나 우주의 보편적 존재 양식에 대한 깨달음이다.

> '풋울음을 깨운다'라고 표현하는 것은 없던 울음을 만들어 내는 것이 아니라 원래 쇠 속에 잠들어 있던 소리를 드러내도록 바로잡아 준다는 의미라고 한다. 이 세상에는 비슷한 사람은 있어도 똑같은 사람이 없는 것처럼 수많은 징의 '풋울음'을 깨워 봐도 비슷한 소리는 있어도 똑같은 소리는 없다고 한다. 이렇듯 '풋울음'은 그 하나하나가 독특한 울음이 되어 개성을 갖춘 징소리가 존재의 울림을 울리고 태어나는 것이다.
>
> —「풋울음」 중에서

석수장이인 소크라테스의 아버지가 돌 속에서 포효하는 사자의 울음소리를 듣고 사자를 다치지 않게 꺼내주었듯이, 정 사백은 대상 속에 잠들어 있는 실존을 꿰뚫음으로써 존재의 울림을 작품 속에서 보여주고자 한다. 토봉 사백의 수필들은 여느 작가의 작품보다 길지만 농익은 사유를 통하여 지성은 감성화하고, 감성은 지성화함으로써 그는 작품에 자신의 영성을 불어 넣는다. 그래서 그의 작품에는 독자들로 하여금 끝까지 눈을 떼지 못하게 하는 묘한 흡인력이 있다.

3 우두커니와 물끄러미

수필은 자기 고백적 문학이다. 작가가 무엇을 대상으로 썼든 수필 속에는 작가자신의 심적 나상이 담기기 마련이다. 토봉 사백의 문학이 아름다운 것은 한 개인의 자기 고백이라는 개별성에서 출발하지만 진솔한 자아의 성찰을 통하여 인간 삶의 보편성을 담았기 때문이리라. 타자를 보되, 그 향하는 곳은 자아의 깊은 심중에 있기에 문학적 차원으로의 승화가 가능했다. 이는 오로지 그의 예술적 심미안과 철학적 사유의 합작이라 할 것이다.

• 우리는 때때로 우두커니 설 줄 알아야 한다. '우두커니'라는 말은 '우뚝허니'에서 변화된 말로 생각된다. 이는 흐름을 따라가지 않고 잠시 멈춰 서는 것을 말하는 것이리라.

• '물끄러미 바라보다'라는 말은 '생각의 건더기 없이 바라보다.'라는 뜻이다. 여기서 생각의 건더기란 바라보는 대상에서 어떤 이득을 취하려는 욕심이나 아니면 바라보는 대상이 나에게 해를 끼치지 않을까 저어하는 두려움 따위, 즉 바라보는 대상을 나 중심으로 조절해 보려는 분별심을 의미한다.

—「우두커니와 물끄러미」 중에서

현대문명의 이기가 사람들을 육체적 노동으로부터 해방시킨 것은 사실이지만 정작 자신을 돌아볼 여유는 앗아갔다. 영혼 없는 육체들이 거리를 질주한다. 이 질주 속에서 왜곡되지 않은 자신의 본모습을 읽고 간직하는 것은 쉽지 않다. 수필은 남을 통하여 나를 바로 보는 인간학이다.

대상을 직시하기 위해서는 멀리 널리 바라보아야 한다. 우뚝하니 고지를 점령해야 한다. 우두커니이다. 대상을 보았다면 자신의 이해를 뛰어넘어 물심일여를 이루어야 한다. 낮은 곳으로 향함으로써 세상에 다가가야 한다. 물끄러미이다.

시선은 높고 멀리까지 두되, 마음 가는 곳은 항상 낮은 곳이어야 한다는 정 사백의 작가 정신을 우리는 행간에서 읽을 수 있을 것이다.

• 이슬이 내리는 것은 외부로 뻗어나가기만 하던 성장을 멈추고 내면을 살피고 안으로 여물어지라는 것이리라. 이슬은 이 산하의 모든 초목들이 성장하고 싶은 마음들을 내려놓게 만든다. 이슬이 내리면 화려한 녹색에서 수수한 녹색으로, 들뜬 푸름에서 차분한 푸름으로 초목들은 겸손해진다.

• 인생살이도 이와 같지 않을까? 육십을 살아온 내 인생의 계절에도 지금 이슬이 내리고 있는 것은 아닐까? 그래서 외양보다

내면을 위해 좀 더 많은 시간을 보내고 육체보다 영혼을 맑게 하는 일에 좀 더 관심을 가져야 하는 계절이 온 것은 아닐까? 새로운 인연을 잡다하게 맺기보다 맺은 인연들을 소중히 보듬어야 하는 계절이 온 것은 아닐까?

—「이슬의 계절」 중에서

• 봄꽃과 단풍은 아름다워야 하는 그 근본 이유가 다르다. 꽃이 아름다운 것은 무언가를 남기기 위해서라면 단풍은 내려놓고 비우기 위해서 아름다운 것이다. 꽃은 창조와 남김을 위한 미학이라면 단풍은 비움과 떠남의 미학이다. 꽃은 생명의 탄생을 준비하기 위하여 아름답다면 단풍은 생의 마감을 준비하기 위해서 아름답다. 생의 마감도 생명의 탄생만큼이나 그 준비가 아름다운 것이다.

—「단풍은 바람을 기다린다」 중에서

우두커니는 현상을 읽는 육안의 지식적 눈이다. 가시적인 세계는 이해에 따라 움직이기 때문에 시절인연에 따라 진위나 경중이 달라지기 쉽다. 삶의 인접분야에서 우뚝하게 자리를 잡는, 미혹되지 않으려는 준비작용이다.

물끄러미는 현상 너머의 세계를 읽는 혜안·심안의 해석적 눈이다. 가시적 현상에 붙어있는 시간과 공간을 초월해도 변하지 않을 실존적인 의미를 구축해내는 사유작용이다.

이슬이나 단풍이 우리에게 주는 현상의 관찰에 머무는 것이 아니라 인생의 의미를 읽는 데 있어서 '우두커니'와

'물끄러미'는 매우 유용한 도구라 하겠다.

쓸쓸함이 아름다운 것은 단순히 눈에 보이는 아름다움 때문만은 아닐 것이다. 쓸쓸함을 야기하는 상실과 소멸 속에 내재해 있는 철학적인의 어떤 정신과 맞닿아 있기 때문이 아닐까? 부족하고 가난한 가운데서 인생의 충만한 의미를 끌어내고, 조용하고 호젓한 상태를 통해 아주 깊은 철학적 의식을 경험하는 선비정신이 세한도에서 절절한 감동으로 살아난다.

—「11월, 그 쓸쓸한 아름다움」 중에서

작가는 '흰서리가 내리고 고엽이 뒹굴고 바람이 잦은 계절,' '단풍과 성탄 사이에 또 하나의 계절'인 '쓸쓸한 계절' 제5의 계절이 있음을 실토하고 있다. 쓸쓸해서 더 아름다운, 이 역설은 이순의 경지에서나 볼 수 있는 천리天理일 것이다.

• 나무는 산의 자식이다. 아니 산에서 생명줄을 이어가는 뭇 생명들 중 산의 자식이 아닌 것이 또 어디 있겠는가? 저렇게 처참한 꼴을 당했으니 산도 나처럼 매우 아팠겠구나. 듬성듬성 벌목해낸 부위가 마치 사내아이 머리에 돋는 쇠버짐처럼 하얗다. 아직도 참혹한 살육의 증거인 듯 송진 냄새가 물씬 풍겨온다. 하지만 겨울산은 아무 말이 없다. 계곡을 휘몰아쳐 불어오는 한줄기 차가운 바람만 뺨을 스칠 뿐 말이 없다.

• 얼마를 지났을까? 등에 나온 땀이 식어 오싹함을 느낄 즈음 나는 분명히 들었다. 겨울산이 고요함 속에서 웅웅거리며 우는 소리를, 안으로 흐느끼는 산의 속울음 소리를 들었던 것이다. 아주 희미하지만 나지막하게 누가 들을까봐 두려운 듯 들릴 듯 말 듯 조용히 우는 소리였다. 눈물을 안으로 삼키고 속으로 울고 있는 겨울산을 나는 몰래 보았던 것이다.

하얗게 눈을 뒤집어쓰고 헐벗은 표피로 매서운 바람을 맞고 있는 겨울산, 멀리서 바라보면 더 없이 의젓하고 믿음직스럽고 근엄해 보이지만 겨울산도 속으로 울고 있었던 것이다.

• 이제 곧 하얀 얼음장 밑 땅 속 저 먼 곳에서부터 봄이 오리니. 몰래 우는 겨울산의 저 울음 때문에 개울가 버들강아지와 바위틈 진달래가 찬란한 봄을 맞이할 수 있는지도 모른다. 겨울산이 참아내는 서러움이 크면 클수록 그 해 봄은 더욱 더 찬란히 펼쳐지는지도 모를 일이다.

겨울산은 멀리서 볼 때 더 아름답다. 싸늘한 하늘아래 확연 부동의 자세로 태고의 적요를 머금고 의연히 서 있는 겨울산은 슬픔을 안으로 삭이며 울음을 참고 있는 고독한 아버지를 닮아 더 멋있어 보인다.

자식의 죽음을 바라본 모든 아버지들은 겨울산이 된다.

—「겨울산」 중에서

한 해의 마지막 날 그는 자식을 잃었다. 울고 싶어도 울지 못했다. 자식 잃은 어미의 삭일 수 없는 분노와 절규를 품어야 하고, 남은 가족의 슬픔을 위로하고 지켜야 할 책무 때문에 작가는 속울음을 울었을 것이다.

'자식을 가슴에 묻는다'는 말은 그 또렷한 눈망울과 지난날의 환희와 행복을 결코 잊을 수 없음이리라. 슬픔을 안으로 참아내는 겨울산의 속울음으로 '개울가 버들강아지와 바위틈 진달래가 찬란한 봄'을 맞이하는 것에 작가는 주목한다. 산 자들이 기억하는 한 죽은 자는 결코 죽지 않았다는 말이 있다.

생과 사는 '나'의 우주 안에서 일어나는 소멸이 생성의 에너지로 승화되는 순환고리이다. 「겨울산」은 자식을 앞세운 어버이들에게 죽음을 받아들이는 의연한 모습을 보여주는 가슴 찡한 작품이다.

4 균형자, 의미와 재미

아리스토텔레스(Aristoteles)의 시학에서부터 규정지어져 내려오는 전통적 문학양식으로는 서정, 서사, 극의 양식을 들 수 있다. 물론 활자이전의 시대이기에 시가 근간을 이루었다. 활자의 발명과 더불어 산문문학이 발달하면서 서정양식은 시로, 서사양식은 소설로, 그리고 극양식은 희곡으로 변화되었다. 이 세 가지 갈래 외에 작가의 경험에서 우러나온 발견과 깨달음을 서술하는 수필과 같은 문학작품의 형태를 교술

갈래로 추가할 수 있다.

- '아뿔사'라는 절의 주지 스님이 '절정' 스님이라고 했던가? 아뿔사! '배려'를 설명하는 절정의 순간에 안주머니 속에 들어있던 내 휴대폰 벨 음악소리가 우렁차게 울려 퍼졌던 것이다.
- "죄송합니다. 휴대폰을 저처럼 관리하시면 남을 위한 배려를 전혀 하지 못한다는 것을 실제 보여준 것 같습니다."
- 제4의 영혼은 가장 중요한 제1의 영혼인 또 다른 내가 될 수도 없고, 나와 살가운 정을 나눌 수 있는 상대자인 제2의 영혼도 될 수 없다. 그리고 때로는 공감의 눈빛으로, 때로는 무언의 질책으로 나의 마음을 다잡아주는 제3의 영혼인 이웃보다 더 중요한 존재가 될 수도 없다. 하지만 항상 이 서열이 허물어질 때 많은 문제점을 낳는다. 제4의 영혼인 스마트폰에 몰두하느라 제1의 영혼인 나의 내면을 차분하게 살필 시간을 갖지 못하고 있는 것은 아닌가? 스마트폰에 몰두하느라 제2의 영혼인 상대방을 소홀히 대한 적은 없는가? 혹은 제3의 영혼인 이웃들을 불편하고 불쾌하게 만든 일은 없는가?

—「제4의 영혼」 중에서

교술은 자아를 세계화하는 의미화 작업으로 교훈적이거나 이념적 성향이 강하다. 여기에 유희적 요소인 재미를 곁들이면 교훈과 감동이 함께 하여 읽는 즐거움이 있다. 한시도 우리 곁을 떠나지 않는 스마트폰을 작가는 제4의 영혼이라 명명했다. 자칫 딱딱해지기 쉬운 교술의 요소를 많은 작품에서 위트와 유머 감각을 통하여 수필의 공감대를 넓히고 있다.

• "땡삐가 땡삐를 죽이다! 오– 동족상잔의 비극이여!" 문장의 뜻으로 봐서 내가 분명히 땡삐인 것이다.

• 땡삐라는 말은 경상도 사투리로 땅벌에서 음운의 변화인 경음화와 '이' 모음 역행동화로 땡삐가 되었으니 땅 土, 벌 蜂으로 점잖게 土蜂토봉 선생으로 불러달라고 적극적인 공세를 폈다.

• 아무래도 토봉 선생은 호 같기도 하고 옛날 서당의 훈장 선생님의 이름 같은 맛이 있어 좋을 것 같았기 때문이다. 하지만 몇 달이 지나지 않아 土蜂토봉은 온데간데없고 땡삐만 무수히 날아다닌다. 한 학생에게 물어봤더니 '소주'보다 '쐬주'가 더 맛있는 것처럼 土蜂토봉보다 땡삐가 더 재미있단다.

• 지난 스승의 날에는 꿀 한 병을 선물로 받았다. 선물과 함께 동봉된 편지에는 "선생님! 일 년 양식입니다. 아껴서 드십시오."라고 적혀있었다.

—「땡삐」 중에서

교직의 관문이 얼마나 어려운가. 하여 교사 임용시험을 세간에서는 임용고시라 하지 않는가. 어렵사리 교사가 되고도 교단을 떠나려는 사람들이 의외로 많다. 교사의 똥은 개도 먹지 않는다는 말이 있듯 마음 다치는 일이 비일비재하기 때문이다. 그럼에도 저자는 '땡삐라고 불러주는 제자들이 있는 한 외롭지 않으며 최선을 다하려 한다는 작가는 천상 교사이자 이 시대 교사들에게도 사표가 된다 하겠다.

• 바다는 인간의 힘으로는 어찌할 수 없는 자연의 위대한 힘을 직접 느낄 수 있는 곳이라서 그런지 바다 앞에 서면 누구나 존재에 대한 근원적인 생각을 품게 된다.

• 지성이면 감천이라 아들놈 보고 싶은 나의 마음을 달래주려고 누군가가 그렇게 피운 것인지 아니면 죽은 아들놈이 흰 제비꽃으로 환생한 것인지 알 수 없었으나 아들놈과 그 하얀 제비꽃이 분명 어떤 연관성이 있다는 느낌이 들었다.

• 꽃다운 젊음이 채 피어보지 못하고 죽는 것은 너무나 안타깝다. 그래서 꽃다운 청춘이 죽으면 땅 위 어디에선가 들꽃 하나가 탐스럽게 피어나는지도 모를 일이다.

—「연꽃바위솔」 중에서

봉직하는 학교의 졸업생이 꽃다운 나이에 유골이 되어 꿈을 키웠던 모교를 찾았다. 청년이 아르바이트로 모은 돈을 장학금으로 남기겠다는 부모의 기막힌 사연을 귀담아 듣고 거중을 조정한 것은 동병상련에서 오는 아픔 덕분이었을 것이다. 아픔은 어른들의 생각도 훌쩍 성장시킬 수 있어 전혀 무용이 아님을 보여준다.

5 나가며

토봉 정성천 작가의 작품들은 타자를 통해 나를 탐구하는 인간학이라 해도 좋을 것이다. 가시적인 세계가 들려주는 존재의 외침을 그는 우두커니 경청한다. 시간과 공간이 어떻게 작용하는지, 대상들 간에는 어떤 교감이 있는지 그의 촉각은 잠시도 쉬지 않는다. 나와 다르다고 하여 배척하지도 않는다.

대상에서 작가 자신을 배제하고 물끄러미 사유를 지속하는 것이다. 나와 대상 간에 경계가 허물어지고 마침내 하나가 되어 물심일여의 세계에 이른다.

•감동이 너무 깊어 눈을 감고 있는 걸까? 아니, 쌔근쌔근 숨소리를 나지막하게 내며 아내는 또다시 자고 있었던 것이다. 병태의 승리에 기분 좋다고 맥주 한 캔 더 마신 것이 문제였다. 술이 약했던 아내는 너무 과한 술 때문에 잠이 들어버린 것이다.

그때 이후로 우리 집 상황은 바뀌었다. 나는 '갑'이 되고 아내는 '을'이 되었다. 갈등의 중요한 순간만 되면 나는 항상 "바보들의 행진!" 하고 크게 외친다. 그럴 때면 아내는 영락없이 자기 주장을 접고 나에게! 바보가 되어준다. 아내는 젊었을 때의 풋풋했던 우리의 사랑을 아직도 마음속에 고이 간직하고 싶었던 게다. 그리고 그 마음이 얼마나 절절했으면 영화 장면 두 번 놓친 일이 무슨 큰 죄라도 되는 양 무던히 바보가 되어 주었겠는가? 나는 또 그런 아내가 고맙기도 하다.

• 오늘도 '바보들의 행진'은 계속된다.

「바보들의 행진」 중에서

프랑스의 철학자 조르주루이 뷔퐁(Buffon,1707~1788)은 '글은 그 사람의 인격人格을 나타낸다'고 했다.

정 작가가 세상과 소통하는 창, 그리고 자신과 내밀하게 소통하는 신비의 통로를 지켜보았다. 46년간의 결혼 생활을 작가는 바보들의 행진으로 이야기하고 있지만, 그의 천직 교직생활 역시 바보들의 행진이었음을 우리는 미루어 짐작할 수 있다. 그가 천착하고 있는 '풋울음'의 단면들이다. 우두커니와 물끄러미가 낳은 산물이기에 더 값진 것이리라.

그의 작품들은 주관과 객관, 감성과 지성이 이룬 균형의 바탕 위에서 물아일체의 영성이 녹아 있다 해도 과언이 아니다.

수필집 『우두커니와 물끄러미』가 독자들에게 사유의 지평을 넓히는 훌륭한 반려가 되기를 기대하면서 사족을 거둔다.

(終)